Dra. Claire Halsey

Cómo crece tu bebé

Estimula el desarrollo físico, cognitivo y emocional de tu hijo

LIBROS CÚPULA

www.dk.com

Baby Development. Everything you need to know fue publicado por primera vez en Reino Unido, en 2011, por Dorling Kindersley Limited.

Título original: *Baby Development. Everything you need to know*
Traducción: © Traducciones Imposibles (Vicky Charques Cánoves), 2011

© Scyla Editores, S. A., 2011
Av. Diagonal, 662-664, 08034 Barcelona (España)
Editado por Timun Mas
Libros Cúpula es marca registrada por Scyla Editores, S. A.
Este libro se comercializa bajo el sello Libros Cúpula

Primera edición: marzo de 2011

ISBN: 978-84-480-6849-3
Fotocomposición: IT's gràfiques S. C. P.
Impreso en Singapur – Printed in Singapore

El papel utilizado para la impresión de este libro es cien por cien libre de cloro y está calificado como papel ecológico.

Contenidos

7 Introducción

Los primeros 2 meses

10 Tu nuevo bebé
12 Reforzando vuestros lazos afectivos
14 Seguro y a salvo
15 Contacto visual
16 Reflejo
17 Primeras presentaciones
18 Relaciones entre hermanos
20 Masaje afectuoso
22 Nuevas sensaciones
23 Caricias y cosquillas
24 Estimulación del movimiento
26 Agarrar y tocar
28 Hablar a los bebés
30 Interpretar las señales
32 Aprender observando

De los 3 a los 6 meses

36 Tu bebé en crecimiento
38 Momentos de tranquilidad
39 Encuentros y saludos
40 Conocer a la familia
42 Boca abajo
43 Jugar sin el pañal
44 Juegos físicos
46 Flexiones
47 Cogiendo fuerza
48 Bebé acuático
50 Mirar y estirarse
52 Darse la vuelta
54 Sentarse y coger cosas
56 Agarrar las cosas
58 Explorando a través del gusto
60 Coger y soltar
61 Pasarse objetos
62 Risas y rimas
64 Caminar y hablar
65 Lenguaje corporal
66 La hora del cuento
67 Escuchar y aprender
68 ¡Pim! ¡Pam!
70 Imitándote
72 Estimulación visual
74 El arte de la anticipación
76 Sí y no
78 Alimenta los sentidos de tu bebé

De los 7 a los 9 meses

82 Tu bebé en movimiento
84 Dar seguridad a tu bebé
85 Se vuelve autoritario
86 Timidez con los extraños
88 Sentado cómodamente
89 Levantarse
90 Estimulando la movilidad
92 Dar palmas
94 Sujetar y explorar
95 Comer y ensuciar
96 Las primeras conversaciones
97 Aprendiendo palabras
98 Señalando
99 Moverse al ritmo de la música
100 Gestos y señales
102 Causa y efecto
103 Al aire libre
104 Jugar a cucú-tras

De los 10 a los 12 meses

108 Tu bebé activo
110 Permanecer cerca
111 Expresar emociones
112 Acurrucaos

114 En buena compañía
116 Control de movimientos
117 Dejar caer y lanzar
118 ¡A salpicar!
120 Por turnos
121 Describe y compara
122 Entender los significados
124 Dentro y fuera
126 Explorar las texturas

De los 12 a los 18 meses

130 Tu nuevo hijo pequeño
132 El arte de copiar
134 Jugar junto a otros niños
136 Cada vez más independiente
138 Tambalearse y caer
139 En busca del equilibrio
140 Actividades nuevas
141 Subir y bajar las escaleras
142 Actividades desafiantes
144 Música y movimiento
146 ¡Salud!
148 Juegos complicados
150 Desorden delicioso
152 Hacer marcas
154 Señales con las manos
156 Tengo ritmo
158 ¿Esto qué hace?
159 Ordenar por tamaño
160 Imagínalo
161 ¿Dónde está?
162 Reforzar la memoria

De los 19 meses a los 2 años

166 Tu hijo activo
168 Actuando
170 Mundos en miniatura
171 Salir corriendo y volver
172 Iniciándose en los juegos con pelota
174 Juegos de acción
176 Coordinar los ojos y las manos
178 Pequeños movimientos
179 Se vuelve creativo
180 Yo lo hago
182 Hablar más
183 El poder de los libros
184 ¿Qué es eso?
186 Igual y diferente
187 Encajando piezas

188 Recursos útiles
189 Índice
192 Agradecimientos

Sobre la autora

La doctora Claire Halsey es psicóloga clínica, tiene más de veinticinco años de experiencia y está especializada en trabajar con niños y familias. Además de ser madre de tres hijos, es escritora y redactora en el campo de la psicología infantil y del crecimiento y el desarrollo de los niños. Recientemente ha participado como coautora en la obra ***Ask a Parenting Expert*** (2009) y ha presentado el programa «Driving Mum and Dad Mad» del canal británico ITV. Aparece frecuentemente en parentchannel.tv, una página web sobre crecimiento y educación infantil financiado por el Ministerio de Educación británico.

Introducción

Observar y ayudar a tu hijo durante su desarrollo es uno de los mayores placeres de ser padres. Cada hito alcanzado es un momento maravilloso; desde que tu recién nacido te mira a los ojos, hasta sus primeras palabras, sus primeros pasos y todo tipo de logros, como construir una torre de bloques o hacer un dibujo pintando con los dedos. No querrás perderte nada.

Tu bebé crece y se desarrolla más rápido que nunca en estos primeros meses, y verás los cambios casi semana a semana. A veces puede resultar difícil seguir todas las habilidades nuevas que está perfeccionando, saber qué es lo que viene después y cuál es el mejor modo de ayudarle a progresar. La información proporcionada en estas páginas está pensada para guiarte a lo largo de su desarrollo, manteniéndote informado de cómo funciona su cuerpo y su mente en cada etapa para que estés tranquilo sabiendo que progresa adecuadamente.

Para escribir este libro me he basado en mis veinticinco años de trabajo con niños y familias, en los estudios de otros expertos en el campo y en mi propia experiencia criando a tres hijos, para ofrecerte la información más detallada y actualizada sobre el desarrollo de tu bebé. He incluido, además, sugerencias de algunos juegos y actividades para manteneros estimulados a ti y a tu pequeño y para que aprendáis juntos durante sus dos primeros años.

Utiliza este manual como un libro de consulta y déjate guiar a través del progreso de tu bebé en las cinco áreas básicas: el desarrollo social, el movimiento, el control manual, la comunicación y las habilidades cognitivas. Estas categorías han servido para organizar la información sobre el progreso del bebé; no obstante, la mayoría de actividades infantiles le ayudan a practicar en varias de estas áreas al mismo tiempo. En un grupo de padres y niños, por ejemplo, tu hijo se desarrollará socialmente jugando con otros niños, al mismo tiempo que se comunicará señalando o diciéndote qué juguete quiere, y utilizará su cuerpo, sus manos y sus habilidades cognitivas para jugar con él.

Por supuesto, debes tener en cuenta que cada bebé es diferente, y algunos niños alcanzan objetivos antes que otros. Sin embargo, si estás preocupado por el desarrollo de tu hijo, consulta a un profesional de la salud. En la mayoría de los casos te quedarás más tranquilo al ver que va bien, pero si hay algún problema, es importante detectar cualquier tipo de dificultad desde el principio para buscar la ayuda adecuada.

Dra. Claire Halsey
Asociación Británica de Psicología, Doctorada en Psicología Clínica, Máster en Ciencias, Licenciada

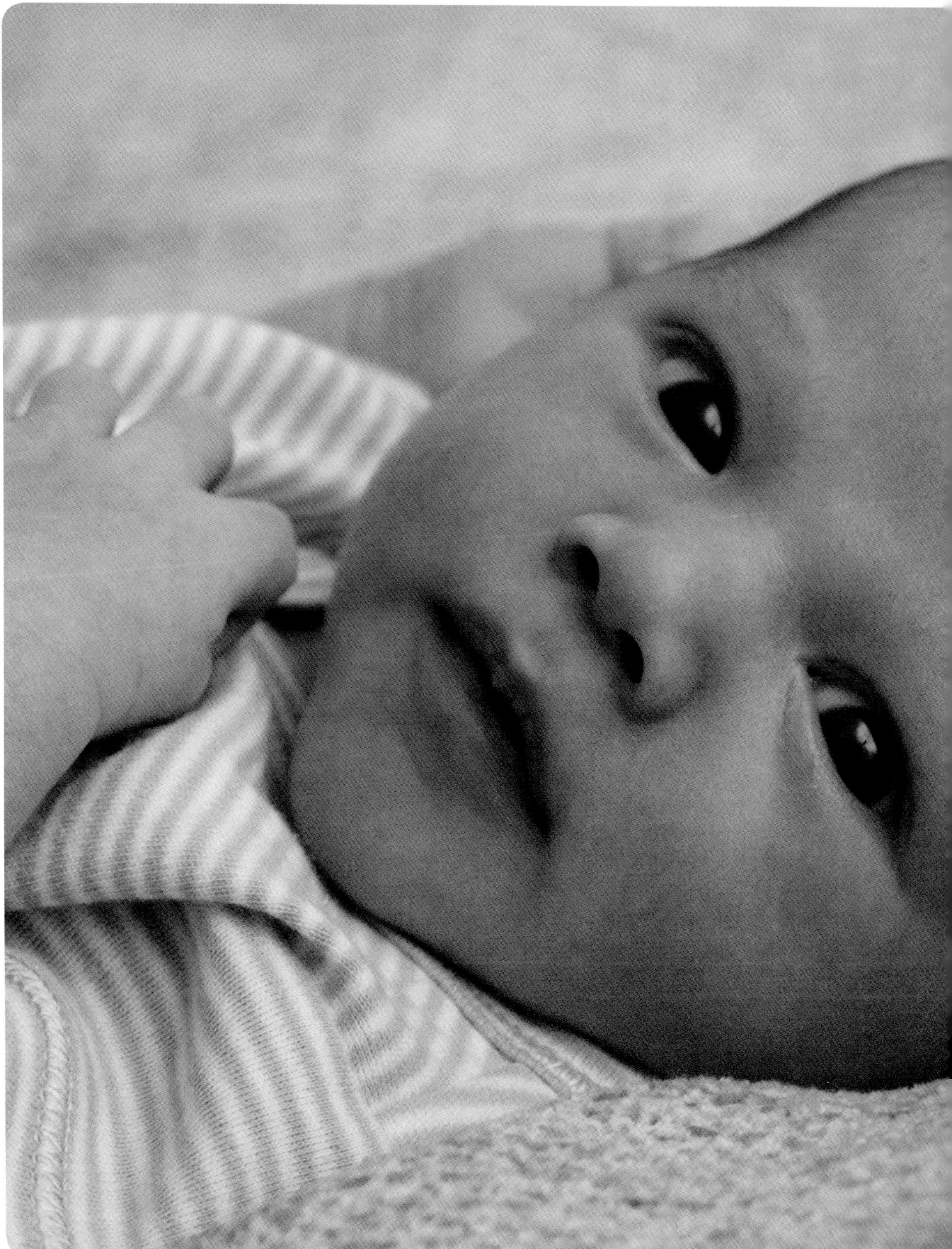

Cómo crece tu bebé

Los primeros 2 meses

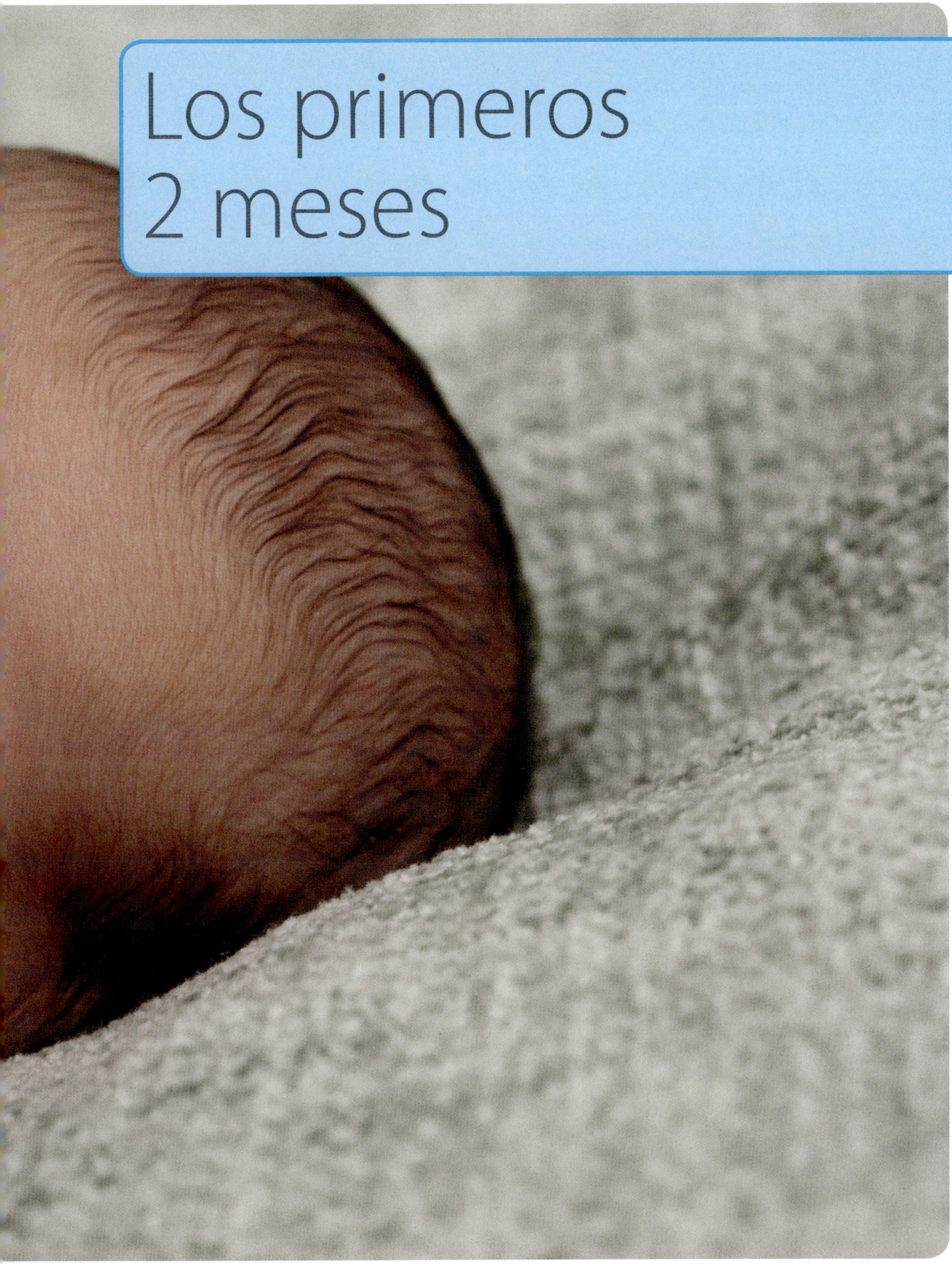

TU NUEVO BEBÉ

Durante las primeras semanas de vida de tu bebé puede parecer que lo único que hace es comer y dormir. Sin embargo, desde que nace empieza a crecer rápidamente y a desarrollar habilidades que le ayudarán a adaptarse a su nuevo entorno.

TU BEBÉ SOCIAL

Durante las primeras semanas, tu pequeño se centra completamente en su relación contigo y con los familiares más cercanos. Responderá mirando y girándose hacia aquellos que ve más a menudo, y es más probable que se acurruque y se calme con gente que suena, huele y parece familiar. Desde el principio, sus esfuerzos se centran en establecer una conexión contigo: establecerá contacto visual desde el mismo momento en que nazca, utilizará distintos llantos y movimientos corporales para atraerte y te demostrará que le gusta estar cerca de ti calmándose cuando lo cojas. Sobre las seis semanas te premiará con su primera sonrisa y responderá a tu alegría con muchas más. Durante sus primeros meses, el bebé experimenta un torbellino de emociones y sensaciones físicas. Cuando esto suceda, necesitará que lo cojas, que lo tranquilices, que le hagas sentirse seguro mediante el tacto y que le transmitas que no tiene que temer esas sensaciones. Se sentirá mejor cuando sintonices con sus necesidades de este modo.

EN MOVIMIENTO

Al nacer, tu bebé domina escasamente su cuerpo. No puede controlar la cabeza y la mayoría de sus movimientos son reflejos: reacciones a su mundo preprogramadas como, por ejemplo, el reflejo perioral o de búsqueda, que hace que el recién nacido gire la cabeza cuando le rozan la mejilla, preparado para alimentarse. Estos reflejos van desapareciendo durante los tres primeros meses. Aunque al principio es incapaz de dominar sus movimientos, pronto empezará a practicar con gran determinación para desarrollar su capacidad para moverse. Su primer objetivo se centrará en dominar sus músculos y pronto verás cómo empieza a controlar la cabeza y el cuello durante las primeras semanas.

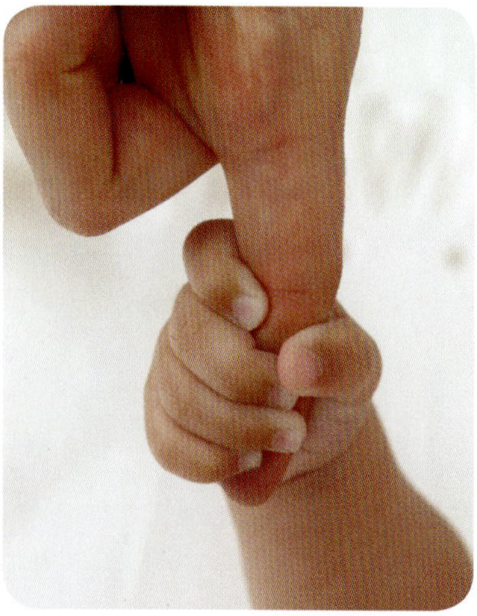

Automático El reflejo de prensión hace que el bebé agarre todo lo que toque su palma. Disfruta de la sensación mientras aprieta tu dedo.

Sonrisa Sobre las seis semanas tu bebé muestra su habilidad social más encantadora: ser capaz de sonreírte de verdad.

CONTROL MANUAL

Tu bebé está preparado para agarrar cosas con la mano desde el momento en que viene al mundo. No obstante, antes de que sus habilidades motrices (el control de los movimientos realizados por los músculos pequeños de sus manos y sus dedos) puedan despegar, debe esperar a que su reflejo preprogramado de agarre desaparezca. Este reflejo es el que hace que el recién nacido rodee tu dedo con los suyos cuando le tocas la palma de la mano y, hasta que éste desaparezca, no puede ejercer un control consciente sobre el modo en que toca los objetos. Sin embargo, empezará a practicar movimientos más sofisticados estirando los brazos, las manos y los dedos y, alrededor de los dos meses, empezará a alargar la mano para tocar algún juguete.

HABILIDADES COMUNICATIVAS

Tu bebé es una dinamo de comunicación motivada para entenderte y para ser entendido. Durante sus primeros días transmite sus necesidades principalmente a través del llanto. No obstante, la comunicación es mucho más que sólo los sonidos que tu bebé emite y, desde el principio, empleará medios más sutiles para comunicarse a través de su cuerpo y de su mirada. Desde los primeros momentos, te enviará mensajes sobre cómo se siente y qué quiere mirándote a los ojos y moviendo el cuerpo. Tú te encargarás de completar la comunicación respondiéndole con tu atención, con la mirada, con caricias y con un tono de voz suave. Este intercambio recíproco fija la base de los turnos, sin la cual no puede darse ninguna comunicación o «conversación».

Desde muy temprano, tu bebé se fijará en el movimiento de tu boca y escuchará tus sonidos. Observar tus movimientos y disfrutar de los tonos tranquilizadores de tu voz es su primer intento de entenderte y, con el tiempo, de copiar y reproducir tus acciones.

CAPACIDAD CEREBRAL

Todos los esfuerzos que hace tu hijo para mirar, escuchar y aprender tienen el objetivo de establecer conexiones entre sus células cerebrales o neuronas. Al nacer, su cerebro está compuesto por más de cien mil millones de estas células, pero son las vías entre ellas lo que necesita desarrollar. Estas vías o conexiones están ahí para transmitir información, y el aprendizaje sucede a través de ellas. En un recién nacido, algunas vías ya están formadas o medio conectadas, de modo que tu bebé puede empezar a realizar acciones esenciales como girar la cabeza, tragar y chupar: sus reflejos neonatales, pero deben crear y reforzar muchas más mediante la información que le proporcionan sus sentidos. Todo lo que oye, ve, saborea, toca o huele genera conexiones entre las neuronas. Cuantas más veces suceda alguna cosa, como, por ejemplo, ver tu cara u oírte decir su nombre, más fuerte será la conexión neuronal y más rápido reconocerá las cosas.

Durante los próximos dos años, tu bebé descubrirá grandes ideas que le permitirán pensar y relacionarse con su entorno de maneras diferentes. La primera de éstas es la noción de copiar. La versión básica de esta capacidad (de ver algo y de imitarlo) está presente desde su nacimiento y la empleará sin parar durante los siguientes meses para practicar nuevas habilidades.

Relación cercana e íntima Desde que nace, tu bebé quiere mirarte a los ojos y mantener la mirada mientras tú se la devuelves con cariño. Este intenso contacto visual supone el inicio de la comunicación y crea un vínculo perdurable.

Observar Desde el principio, tu bebé lo observa todo y absorbe información sobre su entorno.

Relaciones Durante los primeros meses, tu bebé está ocupado estableciendo relaciones con las personas más importantes de su mundo. Animar a sus hermanos a pasar tiempo con él los ayudará a desarrollar un fuerte vínculo afectivo.

Tu bebé social

Reforzando vuestros lazos afectivos

Tu bebé recién nacido está preparado para establecer las relaciones más importantes de su vida: las que compartirá contigo y con tu pareja. Date tiempo para admirar, tocar y conocer a esta nueva personita que has creado para que vuestra relación tenga el mejor comienzo posible.

Cómo ayudas a tu bebé

Cuando coges a tu pequeño en brazos, lo miras a los ojos y mantienes el contacto piel con piel durante las horas y los días posteriores al nacimiento le estás ayudando a:

★ Desarrollar la relación entre vosotros. Este vínculo establece el patrón para el resto de sus relaciones.

★ Sentirse seguro. Su sentido inicial de seguridad nace de sentirse a salvo en tus brazos.

★ Evitar el estrés. Los bebés se ponen nerviosos con facilidad, y tu tacto le ayudará a calmarse.

★ Mantenerte cerca. Necesita saber que estás cerca para satisfacer sus necesidades.

★ Llorar menos. Cuando el bebé disfruta del contacto piel con piel llora menos y el vínculo afectivo entre vosotros se forma más rápido.

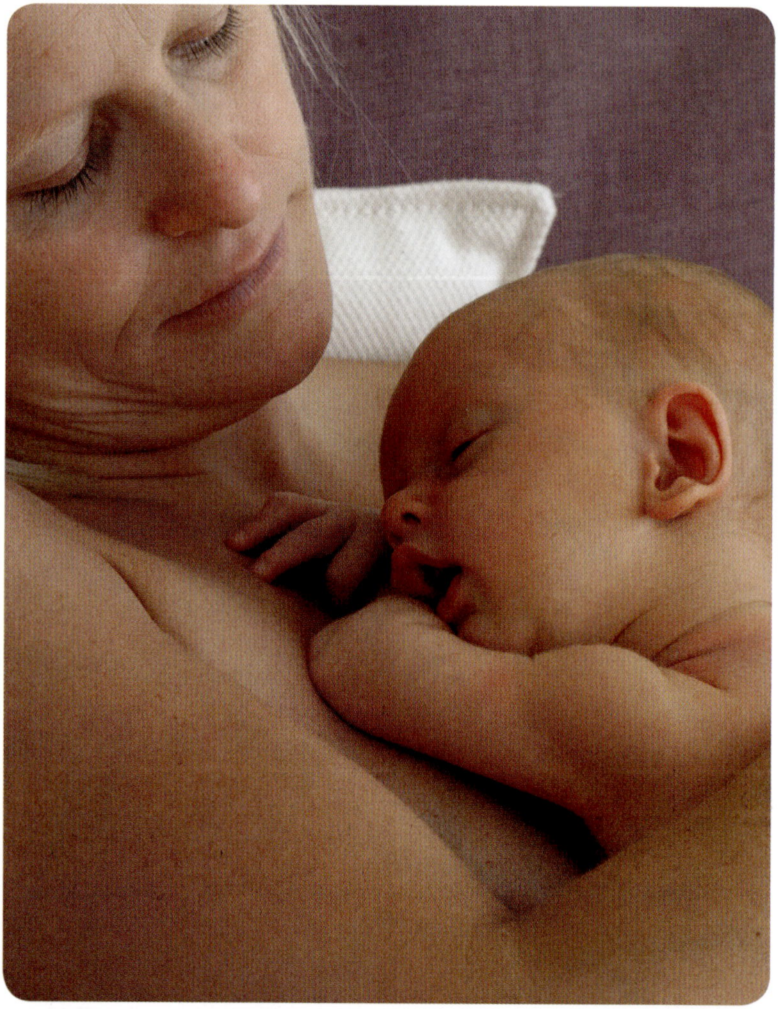

Piel con piel El recién nacido ha estado seguro en tu vientre durante nueve meses y puede encontrar traumáticos el espacio abierto y la libertad de movimiento después de nacer. Ayúdale a sentirse seguro manteniéndolo cerca de tu cuerpo.

CONSEJO

Para un recién nacido, el mundo exterior resulta confuso y apabullante. Intenta que sus primeras horas sean lo menos traumáticas posible mediante el contacto piel con piel y las caricias y los murmullos suaves.

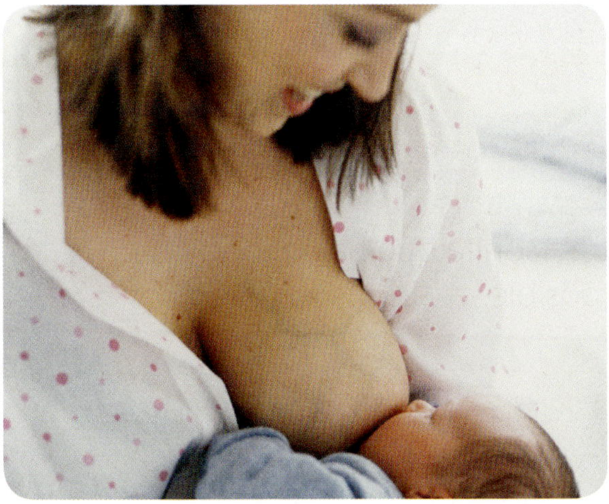

Hora de comer Tanto si optas por darle de mamar como por el biberón, la hora de comer de tu bebé es un momento ideal para centrarte en él. Establece contacto visual, responde acariciándole la mejilla si deja de chupar y disfruta estando con él.

Papá también El contacto piel con piel es una manera ideal de que los padres pasen un momento tranquilo con sus bebés y para que se establezca también un fuerte vínculo entre ellos. Éste es el equivalente paterno a la cercanía que se genera mediante la lactancia materna.

Cuidados de canguro

Mantener a tu bebé en contacto con tu piel durante las horas y días posteriores al nacimiento también se conoce como «cuidados de canguro», ya que se asemeja al modo en que las madres canguro llevan a sus crías.

Beneficios del contacto íntimo Colocar a tu bebé sobre tu pecho o tu vientre desnudo ayuda a establecer vuestro vínculo y se ha demostrado que resulta beneficioso para el desarrollo de los bebés prematuros. Lo ideal es hacerlo nada más nacer, pero no hay límite de tiempo, de modo que tanto tu pareja como tú podéis seguir haciéndolo durante las semanas posteriores. Funciona mejor si estáis relajados y lo sujetáis suavemente pero con confianza. Podéis cubrir su espalda con una mantita para que no pase frío.

Los estudios han demostrado que los bebés prematuros que disfrutan de contacto piel con piel ganan peso más de prisa y regulan mejor su temperatura corporal.

Calentito y seguro Estar sobre tu cuerpo, en contacto con tu piel, proporciona una gran seguridad a tu recién nacido. Después de estar nueve meses en tu vientre, acurrucarse cerca de tu cuerpo le ayudará a sentirse seguro y a salvo.

Tu bebé social

Seguro y a salvo

No hay nada tan reconfortante para tu bebé como estar acurrucado, ya sea contigo o bajo una manta. Si le gusta sentirse envuelto, se tranquilizará con la sensación de seguridad que le proporcione tanto estar en tus brazos como arropadito en una cuna.

Cómo ayudas a tu bebé

Envolviendo, cubriendo y acurrucando a tu bebé cerca de ti para que se sienta recogido físicamente le ayudas a:

★ Sentirse seguro y a salvo. Cuando lo coges le haces ver que siempre estarás ahí para reconfortarle.

★ Dormirse. Tener el cuerpo ligeramente envuelto le proporciona una sensación de seguridad y evita el movimiento automático del reflejo del sobresalto (véase la página 27) que le perturba mientras duerme.

★ Llevarse el puño a la boca. Envuélvelo con una manta ligera con las manos cerca de la boca para que pueda chupárselas si quiere.

Envuélvelo A algunos bebés les encanta estar envueltos ya que esto recrea la sensación de estar sujetos firmemente que experimentaban antes de nacer. También puedes apretarlo suavemente contra tu cuerpo para que perciba tu olor y se sienta seguro al escuchar tu voz.

Ayudándole a dormir Tu bebé se dormirá más fácilmente si está bien arropado o recogido. Envuélvelo o arrópalo bien con una manta ligera para que tenga la sensación de estar sujeto.

DATO

Coloca a tu bebé boca arriba y con los pies cerca del extremo de la cuna para garantizar un descanso seguro.

Tu bebé social

Contacto visual

Tú eres el centro del mundo de tu bebé. Quiere centrarse en ti en los primeros días y utiliza el contacto visual para conectar contigo. No podrás resistirte a devolverle la mirada, y esto irá reforzando vuestro vínculo a cada momento.

Fascinado por los rostros Tu recién nacido prefiere ver caras más que cualquier otra imagen o patrón. Dedícale mucho tiempo para que observe la tuya. Acércate a él despacio y murmúrale para que sepa que estás ahí mientras acercas tu rostro.

Te veo Tu bebé ve mejor a unos 20-25 cm de distancia. Tenlo en cuenta y colócate de manera que pueda verte bien la cara. Devuélvele la mirada cuando te observe.

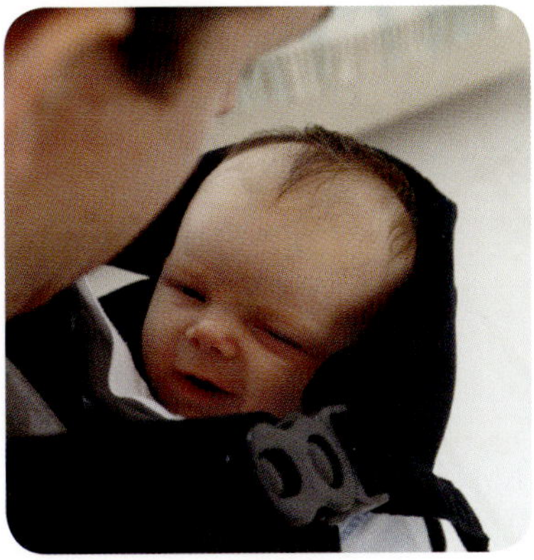

Copión A las pocas horas de nacer, tu pequeño será capaz de imitar los movimientos de tu cara. Cuando esté en un portabebés o en tus brazos, deja que te vea el rostro y observa cómo intenta imitarte.

Cómo ayudas a tu bebé

Cuando mantienes a tu bebé cerca, tanto de cara hacia a ti como sujetándolo para que vea lo que le rodea, le estás ayudando a:

★ Desarrollar un vínculo contigo. Las miradas que os dediquéis el uno al otro os ayudarán a conoceros mejor.

★ Aprender expresiones y movimientos faciales. Aquí comienza a desarrollar el arte de copiar, una de sus mejores herramientas de aprendizaje.

★ Transmitir cómo se siente. Cuando analizas la cara de tu bebé estás aprendiendo a interpretar sus expresiones y a responder a sus emociones.

★ Conocer su mundo. Todo lo que ve le proporciona información sobre patrones, colores y movimiento.

Tu bebé social

Reflejo

La vida de tu bebé recién nacido es como una montaña rusa de emociones. El amor, la felicidad, el miedo y la frustración lo invaden como intensas sensaciones físicas. Tú eres su reflejo. Demostrarle que puedes sobrellevar sus emociones le ayuda a no tener miedo.

Cómo ayudas a tu bebé

Cuando aceptas las sensaciones de tu retoño y se las reflejas le estás ayudando a:

★ Sentirse seguro cuando estas fuertes sensaciones le invaden. Está aprendiendo a no temer sus emociones.

★ Catalogar sus sensaciones. Cuando etiquetas cada una de estas emociones empiezas a enseñarle a reflejarlas en palabras, habilidad que le resultará muy necesaria en los próximos años.

★ Mostrarte cómo se siente. Estás aprendiendo a interpretar sus expresiones, su estado de ánimo y su lenguaje corporal; cuantas más emociones te muestre, más en sintonía estarás con tu bebé.

Copiar Imita la expresión de tu hijo para enseñarle acerca de las sensaciones intensas. Refleja su emoción en una versión más suave, y ladea la cabeza ligeramente para mostrarle que le comprendes. Sostenlo mientras la emoción le invade para darle seguridad.

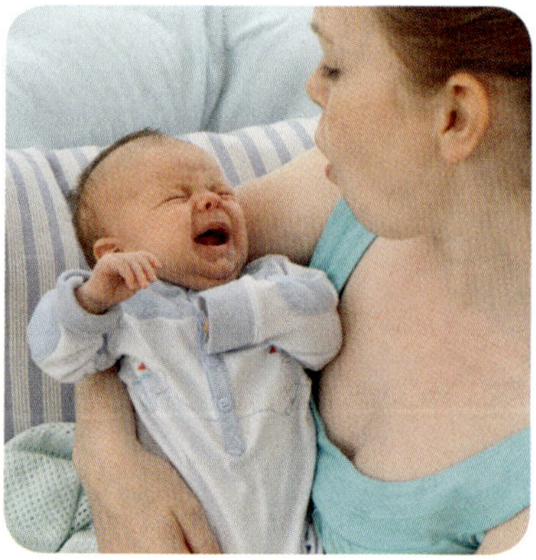

Nombrar las emociones Nunca es demasiado pronto para poner nombre a las sensaciones de tu bebé. Cuando exprese una emoción, habla de lo que está sucediendo con comentarios como «¡Huy, qué enfadado estás!» o «¿Eso es una cara triste?».

Sonreír Alrededor de las seis semanas de edad, cuando tu bebé te sorprenda con su primera sonrisa real, respóndele con otra sonrisa y con un gran alboroto de alegría. Sabrá que ha causado una gran impresión y sonreirá todavía más.

¡Vaya! Tu bebé intenta interpretar tu rostro para aprender qué significan tus expresiones. Cuando exageras los gestos, tal vez con una amplia sonrisa y con los ojos muy abiertos, tu hijo puede ver más claramente si estás contenta o sorprendida.

CONSEJO

Mantener a tu bebé cerca de ti durante las primeras semanas de vida reforzará su vínculo contigo porque estarás ahí para compartir sus emociones y para ponerles nombre.

Tu bebé social

Primeras presentaciones

Relacionarse con otros padres con hijos durante los primeros meses es bueno para tu bienestar y el de tu pequeño. Para ti supone una oportunidad de socializar y compartir consejos sobre la crianza; para él, estar cerca de otros bebés será una nueva experiencia.

Estar preparada Mete en la bolsa todo lo necesario para entretener, distraer y reconfortar a tu bebé. Además de las necesidades prácticas, no olvides su sonajero y sus juguetes y peluches preferidos para que los chupe. Mete también una mantita para arroparlo si empieza a inquietarse.

¿Quién eres? Coloca a tu bebé de manera que pueda ver a los otros niños y empiece a conocerlos mediante la observación. Túmbalo sobre una manta o en una hamaca o cógelo en brazos de manera que mire hacia fuera para que pueda ver lo que hay a su alrededor.

Cómo ayudan estas actividades a tu bebé

Al presentarle a otros niños le estás ayudando a:

★ Acostumbrarse a la presencia de otros bebés. No está preparado para hacer amigos, pero oír, ver y oler a otros niños despertará su interés.

★ Conocer a futuros amigos. Los hijos de tus amigos serán sus futuros compañeros de juegos.

★ Experimentar algo nuevo. Un cambio de escena hará que se abra a nuevos entornos, sonidos y movimientos.

Reuniones familiares Las reuniones familiares son la ocasión perfecta para que tu bebé conozca a los miembros más jóvenes y más mayores de la familia, gente que estará ahí para él durante su crecimiento.

Poco a poco Cuando empieces a socializar a tu bebé, limítate a reunirte con grupos reducidos y haz que las visitas sean cortas. Calcula el tiempo según la reacción de tu hijo; de este modo, él también disfrutará de la experiencia.

Tu bebé social

Relaciones entre hermanos

Son sus mejores amigos, sus protectores y sus compañeros de juegos. Los hermanos y las hermanas son muy importantes para el miembro más joven de la familia. Sin embargo, al principio puede que les cueste acostumbrarse al recién llegado, y los niños más mayores necesitarán que les eches una mano para que esta relación tenga un buen comienzo.

Cómo ayudan estas actividades a tus hijos

Que tu hijo mayor participe en los cuidados y los juegos del nuevo miembro de la familia les ayuda a ambos a:

★ Sentirse más próximos. Al pasar mucho tiempo juntos, tus hijos se conocerán el uno al otro y establecerán un vínculo afectivo.

★ Empezar a entenderse. La comunicación entre tu hijo mayor y tu bebé requiere mucha práctica por parte de ambos.

★ Darse cuenta de que los dos son igual de importantes. Tu hijo mayor necesita saber que él también cumple un papel importante en los cuidados del bebé para que no se sienta apartado.

★ Entretenerse el uno al otro. Van a ser compañeros de juegos.

★ Reducir la rivalidad. Cuando se crea un fuerte vínculo entre los niños es menos probable que surjan celos o resentimiento entre ellos.

El pequeño ayudante Haz que tu hijo mayor participe encargándole pequeñas tareas. Deja que sea tu colaborador especial trayéndote la esponja o un juguete, o ayudándote a mecer al bebé en la hamaca.

Hora de jugar Divertirse juntos refuerza la relación entre tus hijos. Anima a los mayores a sujetar los juguetes para que el bebé los toque, para que intente agarrarlos o para que simplemente los mire.

Hora de descansar Cuando tus hijos pasan momentos tranquilos juntos, admirando un libro para niños o un juguete, o simplemente intercambiando miradas y sonrisas, empiezan a confiar poco a poco el uno en el otro.

Caricias Enseña a tu hijo mayor a acariciar al bebé guiando su mano y dejando que te imite. Cuanto más afecto dé y reciba, más próximo se sentirá a su hermano o hermana.

Momentos especiales Reserva unos minutos al día para centrar toda tu atención en tu hijo mayor. Acurrucaos a leer o haced un puzle juntos. Estará más dispuesto a compartirte si sabe que en ocasiones todavía te tiene sólo para él.

Combatir los celos

Tu hijo mayor había sido hasta hace poco tu único centro de atención y ahora tiene que compartir su puesto con alguien nuevo. Es normal que sienta algo de celos, pero es muy importante no dejar que la situación se descontrole.

Dadle seguridad Por muy bien que os dividáis el tiempo y por mucho que dejéis que vuestro hijo mayor participe en los cuidados y juegos del recién nacido, en un momento dado deseará poder enviar al bebé de vuelta. Querrá que las cosas vuelvan a ser como eran, y es posible que empiece a comportarse como un bebé también para ver si así lo consigue. Aunque este comportamiento te irrite, no le riñas. Responderá mejor a los abrazos, que le dan seguridad.

Supervisa atentamente Es posible que se enfade y se ponga algo brusco con el nuevo miembro de la familia. Incluso es posible que le haga daño sin querer. No es consciente de su propia fuerza ni de lo vulnerable que es el bebé. Vigílalos cuando estén juntos. Y no dejes nunca solo a un niño mayor con un recién nacido, ni siquiera un momento.

Momentos solos Sé comprensiva con el mal comportamiento de tu hijo mayor y combátelo con calma aunque estés enfadada. Los celos no durarán eternamente. Ayuda a tus hijos a conocerse y recuérdale al mayor lo especial que es para ti dedicándole atención individualizada adicional. Esta fase pasará.

Tu bebé social

Masaje afectuoso

Conocer a tu bebé a través del tacto favorece vuestro vínculo afectivo. Una dosis diaria de masajes a tu bebé te proporciona el placer de centrarte completamente en él y os ayuda a conectar. Además, aprenderá a tranquilizarse con tus caricias.

Cosas que se deben y que no se deben hacer al masajear a tu bebé

Consejos para garantizar un masaje agradable y relajante.

Masajea a tu bebé desde los primeros meses. Algunos expertos recomiendan esperar hasta que cumpla seis semanas de edad, mientras que otros aconsejan que se haga antes. Si decides hacerlo antes, evita la zona del cordón umbilical ya que podría estar todavía muy sensible.

No le masajees hasta treinta minutos después de comer: puede resultarle incómodo que le aprietes el estómago lleno.

Masajéalo al menos diez minutos para conseguir una experiencia relajante.

No le masajees si parece encontrarse mal o si acaba de ser vacunado. Consulta a un pediatra si tienes dudas.

Busca un aceite comestible con base de aceites vegetales en lugar de parafina. Evita productos con esencias o con aceites esenciales añadidos, o aquellos que pueden causar reacciones alérgicas como los aceites de sésamo o de cacahuete.

No masajees al bebé si se gira, se retuerce o llora.

Masajéalo desnudo o sólo con el pañal puesto. Comprueba que el ambiente de la habitación sea lo bastante cálido y coloca una toalla o una mantita debajo. Intenta que la luz sea lo más tenue posible para intensificar la sensación de calma.

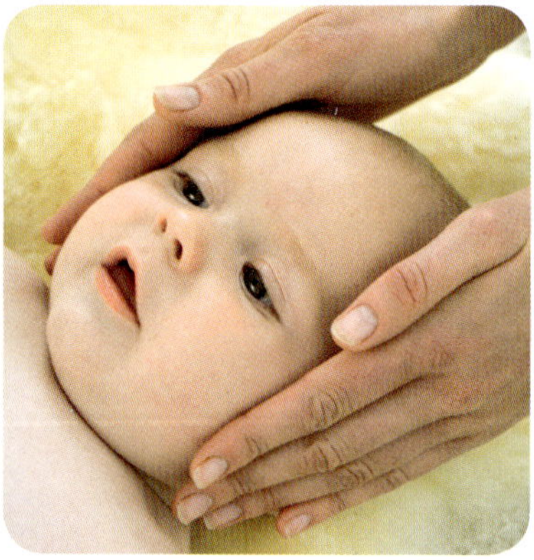

1 **Acaricia suavemente la cara y la cabeza de tu bebé.** Pasa las yemas de los dedos por su frente, sus mejillas y sus labios y acaricia suavemente de los laterales de su nariz hacia las mejillas.

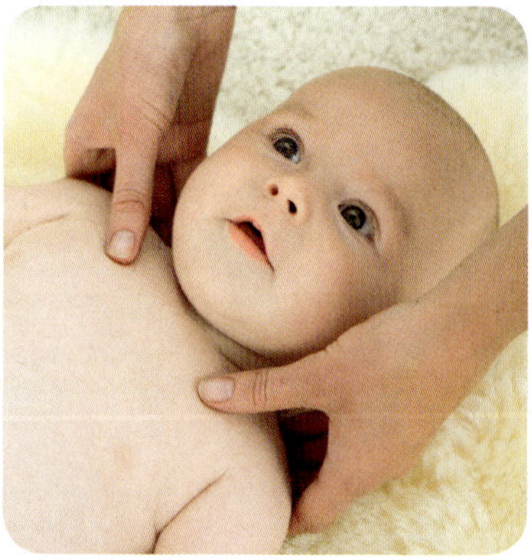

2 **Ahueca las manos sobre los hombros de tu pequeño** y acaricia suavemente la parte superior de su espalda y de sus hombros. Emplea movimientos circulares y presiona levemente.

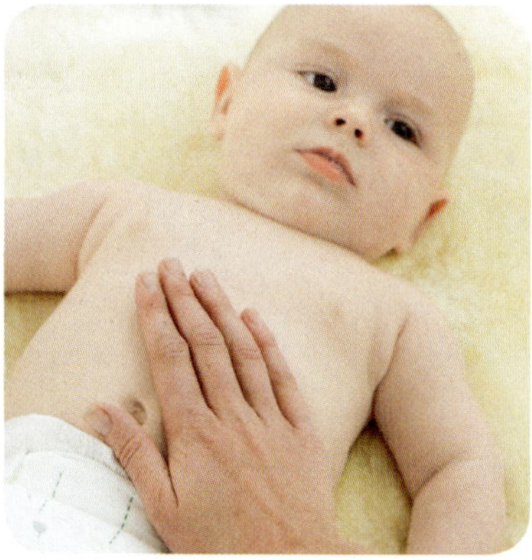

3 **Con suavidad**, frota el pecho y el abdomen de tu hijo con la palma de la mano en el sentido de las agujas del reloj, y después en la dirección contraria. Si muestra algún signo de molestia, deja de masajear esta zona.

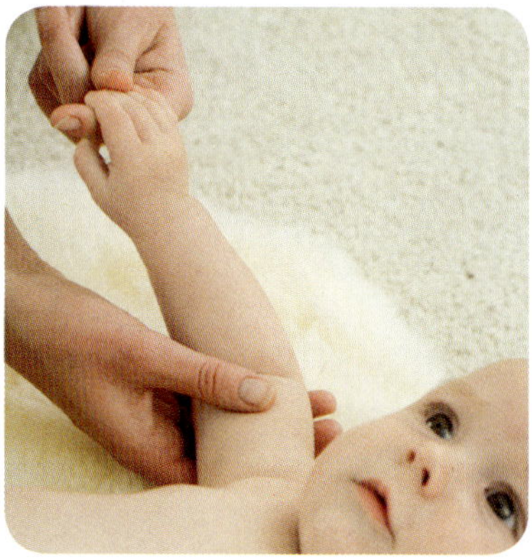

4 **Sujétale la mano** y estírale suavemente el brazo. Utiliza la otra mano para acariciarle el brazo de arriba abajo. Presiona ligeramente como si estuvieses «ordeñando». Repite esta acción con el otro brazo.

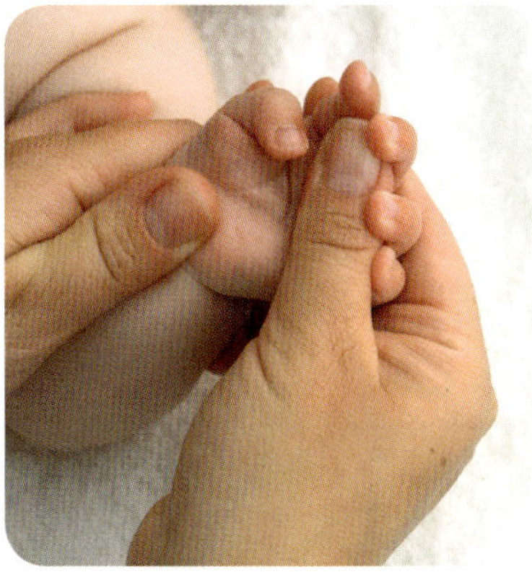

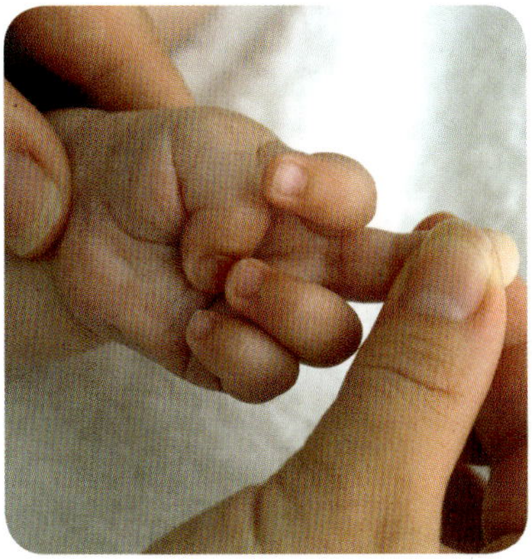

5 **Coge la mano de tu bebé** y acaríciale suavemente la palma. Realiza movimientos circulares desde los bordes hasta el centro.

6 **Coge cada dedo de uno en uno**, estíralos suavemente con el pulgar y el índice y masajéalos presionando ligeramente desde la base hasta la punta. Termina con el pulgar y repítelo con la otra mano.

7 **Sujeta el tobillo de tu bebé** con una mano y levántale la pierna ligeramente. Utiliza la otra mano para masajearle la pierna desde arriba hacia abajo. Apóyala de nuevo suavemente. Repítelo en la otra pierna.

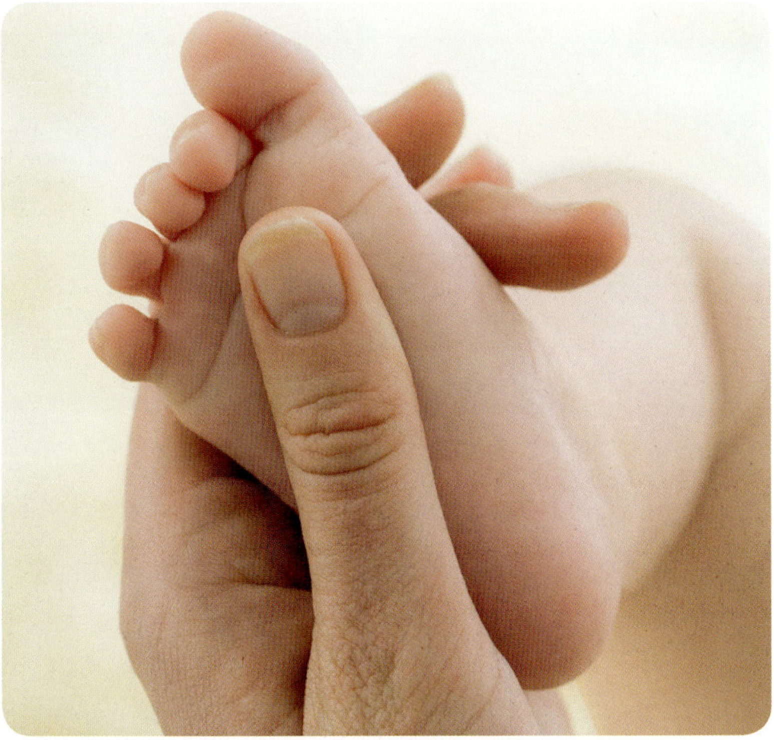

8 **Termina con los pies.** Sujeta uno de sus pies con la mano y masajéaselo entero, trabajando en círculos en la planta y tirando suavemente de cada uno de sus dedos. Repítelo con el otro pie.

Cómo ayuda el masaje a tu bebé

Masajeando a tu bebé con regularidad le estás ayudando a:

★ Sentirse más cerca de ti. Conforme conectas con él a través del tacto, vuestro vínculo afectivo se fortalece.

★ Tranquilizarse. Le estás calmando con movimientos suaves y rítmicos.

★ Llorar menos y dormir mejor. Tu confianza a la hora de entender sus necesidades le ayudará a estar más tranquilo.

★ Aliviar los dolores de los gases o de un cólico.

En movimiento

Nuevas sensaciones

Tu bebé tiene mucho que descubrir sobre su cuerpo. Le embelesan tus caricias y le encanta notar sensaciones diferentes. Está intentando entender dónde acaba su cuerpo y comienza el resto del mundo.

Cómo ayudan estas actividades a tu bebé

Cuando tocas, acaricias, das golpecitos y besas a tu bebé le estás ayudando a:

★ Entender cómo funciona su cuerpo. Aprende cómo su cuerpo se mueve a partir de las respuestas sensoriales: cada vez que tocas a tu hijo sus terminaciones nerviosas generan señales que viajan hasta su cerebro.

★ Disfrutar de su cuerpo. Cada caricia y golpecito que le das le indica que es bueno que le toquen.

★ Dar y recibir. Cuando toques a tu bebé dale un momento para que responda, le estarás dando tiempo para asimilar lo que siente.

Suavemente Acaricia el pelo de tu bebé, cógele la cabeza o tócale con delicadeza la cara, de este modo se sentirá más cerca de ti. Sujétale bien la cabeza mientras le acaricies y se relajará al sentir tu tacto.

DATO

Los bebés se desarrollan físicamente de la cabeza hacia abajo, de modo que tu hijo aprenderá a controlar la cabeza y el cuello antes que el movimiento de los brazos y las piernas.

Besos Darle besitos en las manos y en los pies mientras se los sujetas con tu mano o dejar que te agarre el dedo con su manita le ayuda a tener conciencia de estas partes de su cuerpo.

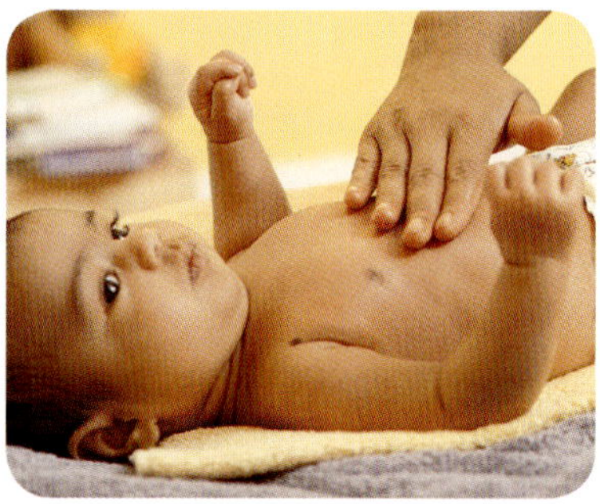

Repítelo A tu bebé le encantará que le des golpecitos suaves y rítmicos con la mano. Hazlo con mucha suvidad. Querrá seguir sintiendo tu tacto y se retorcerá de gozo para que continúes haciéndolo.

En movimiento

Caricias y cosquillas

Tu bebé no parará cuando descubra que su cuerpo puede moverse. El movimiento de sus brazos, la actividad física y tus juegos de caricias y de cosquillas le ayudan a ser consciente de su tronco, de sus brazos y de sus piernas.

Palabras y movimiento A los bebés les encantan las combinaciones de palabras y caricias. Las sensaciones físicas en su piel, repetidas una y otra vez, les proporcionan información muy valiosa sobre la posición de sus brazos, piernas y dedos.

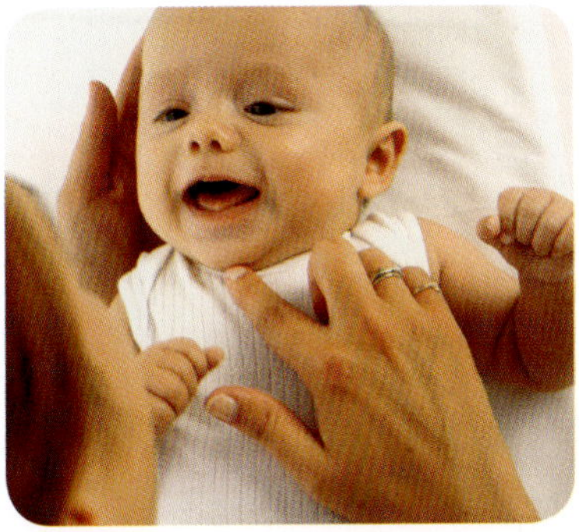

Cosquillas Los bebés disfrutan de las cosquillas suaves y éstas le proporcionan una intensa estimulación en las manos, los pies y el cuerpo que le obligan a moverse. Mediante el lenguaje corporal, tu bebé te indicará si le gustan o si quiere que dejes de hacerlas.

Pedorretas Prueba a hacerle unas pedorretas sobre la suave piel de la tripita y observa cómo reacciona. Tal vez sacuda los brazos y las piernas, ya que esta sensación le proporciona información sobre su cuerpo. Repítelo mientras siga divirtiéndole.

Cómo ayudan estas actividades a tu bebé

Con estos juegos estás ayudando a tu bebé a:

★ Conocer su cuerpo y cómo se mueve. La respuesta de sus articulaciones cuando se mueve le proporciona una información muy valiosa a su cerebro en desarrollo.

★ Practicar el movimiento. Cuanto más disfrute de vuestros juegos, más se moverá y utilizará su cuerpo.

★ Ser consciente de sus manos y de sus pies. Cuando juegas con sus dedos de las manos y de los pies, empieza a aprender que se trata de partes diferentes del cuerpo.

En movimiento

Estimulación del movimiento

Tu bebé está aprendiendo constantemente mientras intenta descubrir cómo girarse, coger cosas y pegar patadas. Al principio depende por completo de los movimientos reflejos. Un ambiente estimulante le ayudará a aprender a mover los brazos, las piernas y el cuerpo.

Cómo ayudan estas actividades a tu bebé

Cuando brindas a tu pequeño una gran cantidad de oportunidades para mover el cuerpo, le estás ayudando a:

★ Disfrutar de movimientos amplios. A tu bebé le encanta mover todo el cuerpo.

★ Usar los músculos. Tu hijo está preparado para ejercer un control más consciente sobre sus brazos y sus piernas cuando los movimientos automáticos reflejos con los que nace van desapareciendo.

★ Ver su cuerpo además de sentir su movimiento. Viendo cómo se sacuden sus brazos y sus piernas aprende cómo funciona su cuerpo en movimiento y esto le ayuda a desarrollar la coordinación óculo-manual durante los meses posteriores.

★ Jugar. Le gustará que participes y que le muestres que te gusta que mueva su cuerpo.

Sobre la alfombra para bebés Permite que tu pequeño pase mucho tiempo en el suelo, ya que así podrá practicar el movimiento de sus extremidades. Observa cómo disfruta dando patadas y sacudiendo los brazos.

Pataditas Tu hijo se sentirá atraído por los juguetes y por los sonajeros que cuelgan en la cuna o en el gimnasio infantil, e intentará darles patadas y mover los brazos hacia ellos sin parar.

Los dos juntos Cuando estés tumbado junto a tu bebé, imita sus movimientos y te darás cuenta de cuánto está ejercitándose. Seguramente se moverá más porque estás cerca, y cuando describas lo que está haciendo sabrá que te estás centrando en él.

DATO

Las extremidades del recién nacido estarán «plegadas» al principio, pero pronto verás cómo empiezan a estirarse poco a poco conforme agita los brazos y sacude las piernas, ganando fuerza muscular.

Cosquillitas Roza ligeramente los dedos de sus pies con un juguete suave o peludo, o mueve un juguete que haga ruido cerca de sus pies para ver si reacciona. Tus sonrisas y tus palabras de alegría cuando dé una patadita lo animarán.

Evita el exceso de estimulación

Aunque a tu bebé le encanta vivir nuevas experiencias, es posible que en un momento dado esté sobreestimulado. Controla sus reacciones y presta atención a las señales de que necesita un descanso.

¿Cuándo es demasiado? Tu bebé puede sentirse superado por demasiado tiempo de juego, o por demasiados juguetes, o por la presencia de demasiadas personas, y tú debes observarlo y juzgar cuándo se está divirtiendo y cuándo ha tenido suficiente.

¿Cuándo jugar? La respuesta de un bebé a la estimulación depende de su temperamento. Los bebés sensibles tienden a sobreestimularse fácilmente en situaciones de mucha actividad o mucho ruido. Los bebés más tranquilos aguantan más. Sólo tú puedes saber cuándo tu hijo ha tenido suficiente.

¿Cuándo parar? Cuando tu bebé se haya cansado empezará a bostezar, a fruncir el ceño, a retorcerse y a lloriquear. Cuando observes estos signos, deja de jugar o de ofrecerle juguetes y permite que descanse o que asimile su entorno dejándolo que lo observe tranquilamente.

Con paciencia La manera de presentarle los juguetes o las actividades a tu bebé puede aumentar el disfrute que obtenga de ellos. Preferirá que le acerques los juguetes despacio. Como supondrás, para un bebé su gimnasio puede resultar enorme y es fácil que se sienta intimidado si se lo colocas sobre él súbitamente o si se le coloca sobre una alfombra de actividades demasiado de prisa. Acércalo sin prisas y estará más receptivo y más dispuesto a jugar.

Control manual

Agarrar y tocar

A tu bebé le atraen el movimiento, la luz y el sonido, y se gira y toca todo lo que tenga a su alcance. Está desesperado por dominar sus brazos, sus manos y sus dedos para poder coger lo que quiera.

Cómo ayudan estas actividades a tu bebé

Todavía posee poco control sobre sus movimientos, pero intentará estirar y sacudir los brazos y agarrar cualquier cosa que le ofrezcas. Esto le ayuda a:

★ Coordinar sus movimientos. Cada vez que estira el brazo y coge algo, su cerebro recibe una información fundamental sobre cómo se mueven sus músculos y su cuerpo.

★ Seguir intentándolo. Sólo logrará alcanzar las cosas repitiendo los mismos movimientos una y otra vez.

★ Coordinar la vista y las manos. Es fundamental que practique mirando y estirando los brazos. Su puntería dependerá de la coordinación de la vista y del movimiento de las manos.

★ Desarrollar el control de los músculos pequeños de las manos y de los dedos. Está empezando a trabajar para convertirlos en movimientos motores finos.

DATO

El control motor viene después de movimientos menos precisos. Tu pequeño controla el movimiento de sus brazos y de sus piernas antes de controlar sus manos y sus dedos.

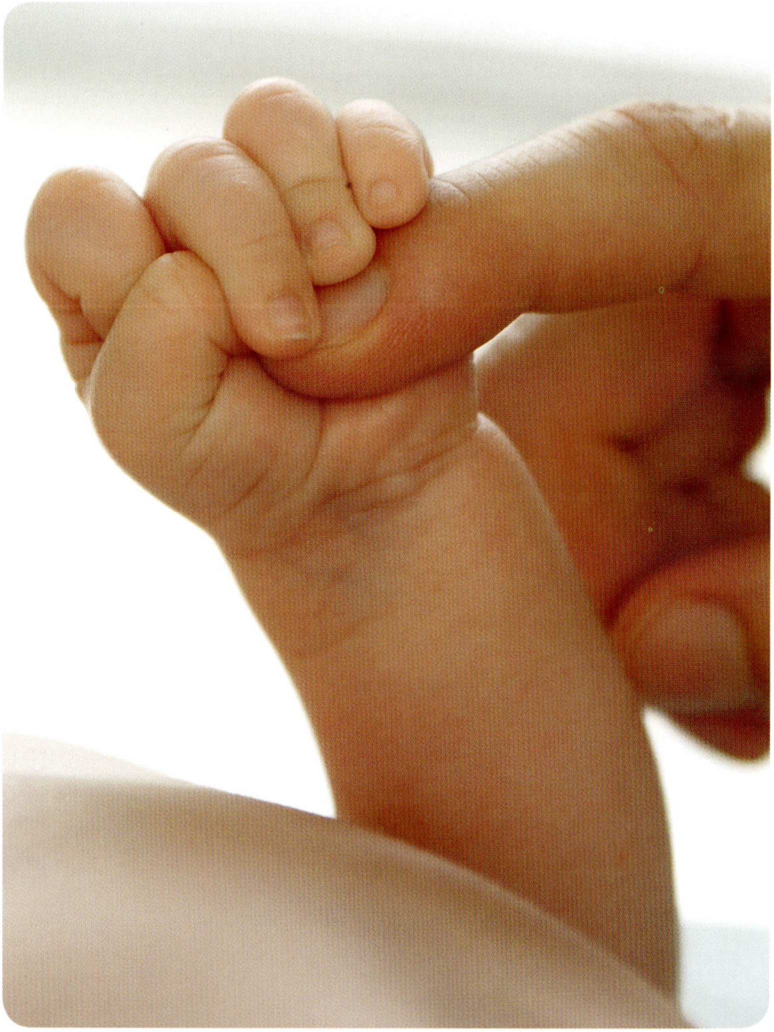

Agarrarse Tu bebé agarrará cualquier cosa que se le ponga en la mano mientras su reflejo de agarre siga presente. Deja que te coja el dedo o un sonajero y aprenderá rápidamente que, al sacudirlo, el sonajero hace ruido.

Juguetes Utiliza todo tipo de juguetes que hagan ruido, desde sonajeros hasta juguetes de tela que crujan o muñecos que suenen al apretarlos. Se volverá hacia el sonido y sus movimientos le ayudarán a localizar el objeto responsable del ruido.

Nuevas sensaciones Sentir diferentes texturas sumirá a tu bebé en un paraíso sensorial y le alentará a explorar y finalmente a sujetar objetos. Dale varias telas y juguetes distintos para que experimente cosas firmes, suaves, blandas, crujientes y esponjosas.

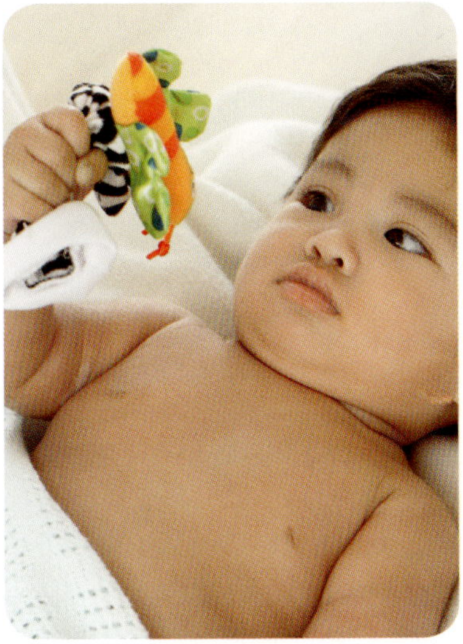

Mis manos Tocará, chupará y sacudirá todo lo que tenga a su alcance. Todos estos movimientos llamativos inician la fascinación que sentirá por sus manos y sus dedos. Estas partes seguirán interesándole durante los próximos meses mientras aprende a manipular objetos.

Reflejos del recién nacido

Tu bebé cuenta con varios reflejos preprogramados que son necesarios para su supervivencia, como chupar y tragar. Esto significa que se mueve de manera automática en respuesta al ruido, al tacto o al movimiento en lugar de hacerlo de manera controlada.

Reflejos de búsqueda y de succión Estos reflejos hacen que el bebé se gire al tocarle la mejilla y que chupe y trague si se le mete algo en la boca. También hacen que pueda mamar o tomar el biberón desde que nace.

Reflejo de marcha y reflejo de Moro o de sobresalto Estos reflejos son movimientos reflexivos del cuerpo. El bebé dará pasitos en el aire cuando sus pies toquen una superficie dura, lo que podría suponer práctica para caminar más adelante, y extenderá los brazos hacia los lados si siente que nadie lo sujeta, lo que le ayuda a protegerse en caso de caídas.

Reflejo prensil Este reflejo hace que el bebé agarre de manera automática cualquier cosa que toque su palma. Suele desaparecer a los tres meses, cuando puede empezar a elegir qué quiere coger.

Habilidades comunicativas

Hablar a los bebés

Tu bebé y tú sois una central de comunicación y, en los próximos meses, utilizaréis todos los medios posibles para entenderos el uno al otro. Hablarle, cantarle, tocarle y mirarle enseña mucho a tu hijo y lo coloca en el camino correcto para aprender a expresarse.

Cómo ayudan estas actividades a tu bebé

Cuando cantas, hablas, tocas, miras y le lees a tu hijo, le estás ayudando a:

★ Comprender los patrones y los tonos de diálogo que crean la base del lenguaje.

★ Aprender a escuchar y a responder, iniciando así la comunicación bidireccional.

★ Usar el tacto para captar tu atención acercándote a él y manteniéndote a una distancia próxima para comunicarte.

★ Practicar la imitación de los movimientos de tu cara y de tu boca, algo esencial en la comunicación no verbal.

★ Obtener un vocabulario más amplio. Cuanto más le hables ahora más extenso será su vocabulario en el futuro.

★ Disfrutar de la comunicación. Querrá expresarse y se relajará confiando en que responderás a sus necesidades.

Hacer caras Desde el principio tu bebé observa tu rostro y tu boca mientras hablas. Exagera tus movimientos faciales cuando hables con él. Antes de empezar a balbucear aprenderá a mover la boca como tú.

Cantar A tu bebé le encantará que le cantes. Las canciones que riman acostumbran al niño a los patrones y los sonidos de las palabras. Esto le ayudará en un futuro, primero al aprender a hablar, y después al aprender a leer.

Hablarle a tu bebé Arrúllale, susúrrale y háblale. Comenta todo lo que estáis haciendo y describe todo lo que veis. Empieza a hablarle desde que nace, te saldrá natural.

Mejor hacia atrás Un marsupio o portabebés que permita que el niño mire hacia ti facilita la comunicación y te ayuda a conectar con sus emociones y reacciones porque puedes ver su cara y él puede ver la tuya.

Tocándote Cuando veas que intenta tocarte, acércate para dejar que te explore. Sonríe y mantén el contacto visual para reforzar vuestra conexión.

Habilidades comunicativas

Interpretar las señales

Tu bebé te proporciona pistas constantes sobre cómo se siente, y espera que las entiendas. Cuando llore, arrulle, frunza el ceño y sacuda los brazos y las piernas, observa y escucha, pronto entenderás lo que quiere decir.

Cómo ayudas a tu bebé

Al interpretar las señales de tu bebé le estás ayudando a:

★ Obtener lo que necesita para sobrevivir. Toda comunicación por su parte te indica lo que necesita para que puedas hacer algo al respecto.

★ Entender cómo funciona la comunicación. Cuando muestra señales y tú respondes, recibe el mensaje de que vale la pena esforzarse por comunicarse.

★ Sentirse seguro. Cuando acudes en cuanto empieza a llorar sabe que puede contar contigo.

★ Adoptar una rutina. Conforme se desarrolla, observa en qué partes del día quiere comer, dormir y jugar, y empieza a planear una rutina teniendo esto en cuenta.

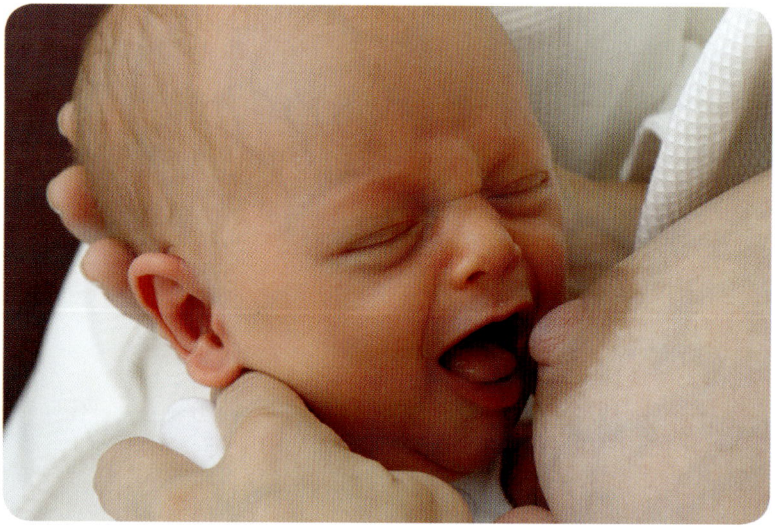

Necesidad de atención Te darás cuenta de que tu bebé tiene varios llantos que varían en tono e intensidad y que tienen distintos significados. Durante las primeras semanas, empezarás a reconocer qué llanto significa «tengo hambre» o «estoy cansado».

CONSEJO

Los niños tienden a mantener menos contacto visual y a sonreír menos y más tarde que las niñas. Asegúrate de interactuar y hablar mucho con tu hijo varón para que pueda hablar tan bien como las niñas de su edad.

Paz y tranquilidad Hay momentos para jugar y momentos para estar tranquilos. Sigue jugando si ves que tu bebé sigue atento, te mira, murmura y levanta los brazos. Para si aparta mucho la cabeza, llora, bosteza o frunce el ceño.

Abrázame A menudo tu bebé se verá superado por fuertes emociones. Lo único que puedes hacer es abrazarlo, susurrar para darle seguridad, mecerlo y acariciarlo mientras deja que esa sensación tan intensa le invada.

Hora de dormir Detecta los signos de cansancio de tu bebé. Es posible que tire de su oreja o que se frote los ojos. En cuanto adviertas estos gestos, acuéstalo. Si esperas demasiado, se cansará en exceso y luego le costará más quedarse dormido.

Tranquilo y contento Conforme vayas ganando confianza a la hora de interpretar sus señales, llantos y lenguaje corporal, empezarás a reconocer mejor sus necesidades y a reaccionar de prisa para cubrirlas. Como resultado obtendrás un bebé feliz.

La primera sonrisa de tu bebé

Puede que el tiempo de espera se te haga muy largo, pero lo más probable es que veas la primera sonrisa social de tu bebé entre las cuatro y las seis semanas.

No hay vuelta atrás Hasta ahora habían sido sus llantos los que te habían atraído hacia él, pero una vez que empieza a sonreír tiene un modo mucho más agradable de captar tu atención. No es casualidad que la cantidad de tiempo que pasa llorando (unas dos horas al día entre las tres y las seis semanas de edad) disminuyan gradualmente conforme su capacidad para atraerte con una sonrisa comienza.

La sonrisa real La sonrisa de tu bebé es auténtica. Se alegra de verte y rebosará de alegría si ve que celebras el gesto. Demuéstrale que te gusta y devuélvele la sonrisa. Al hacerlo, le estás enseñando que la comunicación es algo bilateral. Él te indica que está contento sonriendo, y tú reflejas esa alegría sonriendo también.

Capacidad cerebral

Aprender observando

Tu nuevo bebé sólo tiene la capacidad para centrarse en aquellos objetos que se encuentren a una distancia corta, por eso le fascina observar las caras. Le encantan los patrones llamativos y con fuertes contrastes entre tonos, y es por ello que prefiere las imágenes y diseños en blanco y negro. A medida que los músculos de sus ojos se fortalecen, su visión del mundo irá poco a poco siendo más completa.

Cómo ayudan estas actividades a tu bebé

Cuando pones a su disposición cosas para que las mire, le estás ayudando a:

★ Centrarse. Los patrones llamativos y claros ayudan a tu bebé a centrar los ojos en algo y a desarrollar el área visual de su cerebro.

★ Ordenar sus sentidos. Al principio, le cuesta diferenciar las vías en su cerebro que separan los distintos sentidos y es posible que perciba un ruido fuerte como una molestia para su vista, además de oírlo.

★ Seguir un objeto en movimiento con los ojos. Seguir un juguete con la vista mientras éste pasa lentamente por delante de él es su nueva habilidad.

★ Aprender sobre los colores. Aunque le gustan los patrones en blanco y negro, necesita ver más colores. Inícialo en el mundo del color con juguetes y una decoración llamativos.

DATO

Las conexiones en el cerebro de tu bebé (sinapsis) se forman como respuesta directa a la estimulación que recibe por tu parte: la creación de la sinapsis se completa a los tres años.

Contraste A los bebés les resulta más fácil ver patrones con fuertes contrastes entre tonos. Atrae su atención con libros, móviles o juguetes con claros diseños en blanco negro.

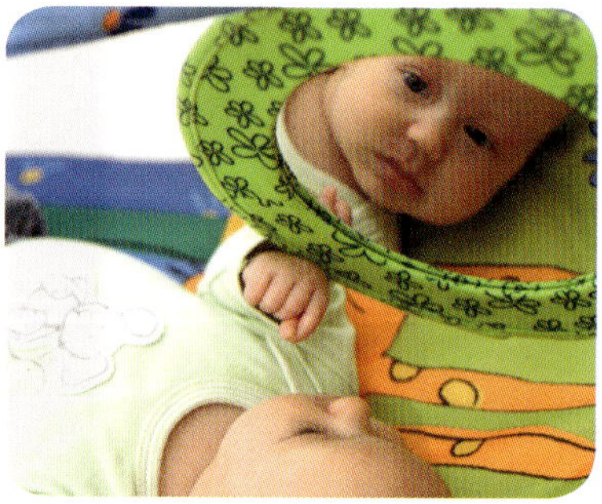

¿Ése soy yo? Tu bebé observará su imagen, pero no se reconocerá a sí mismo hasta los seis meses de edad o más. Sujétalo delante de un espejo o regálale un juguete que contenga uno.

Llamativo y alegre Tu hijo se sentirá atraído por objetos que se muevan, que brillen y que sean llamativos. Los móviles coloridos o los juguetes que vibran le ayudan a practicar la habilidad esencial de observar o de seguir objetos que se mueven.

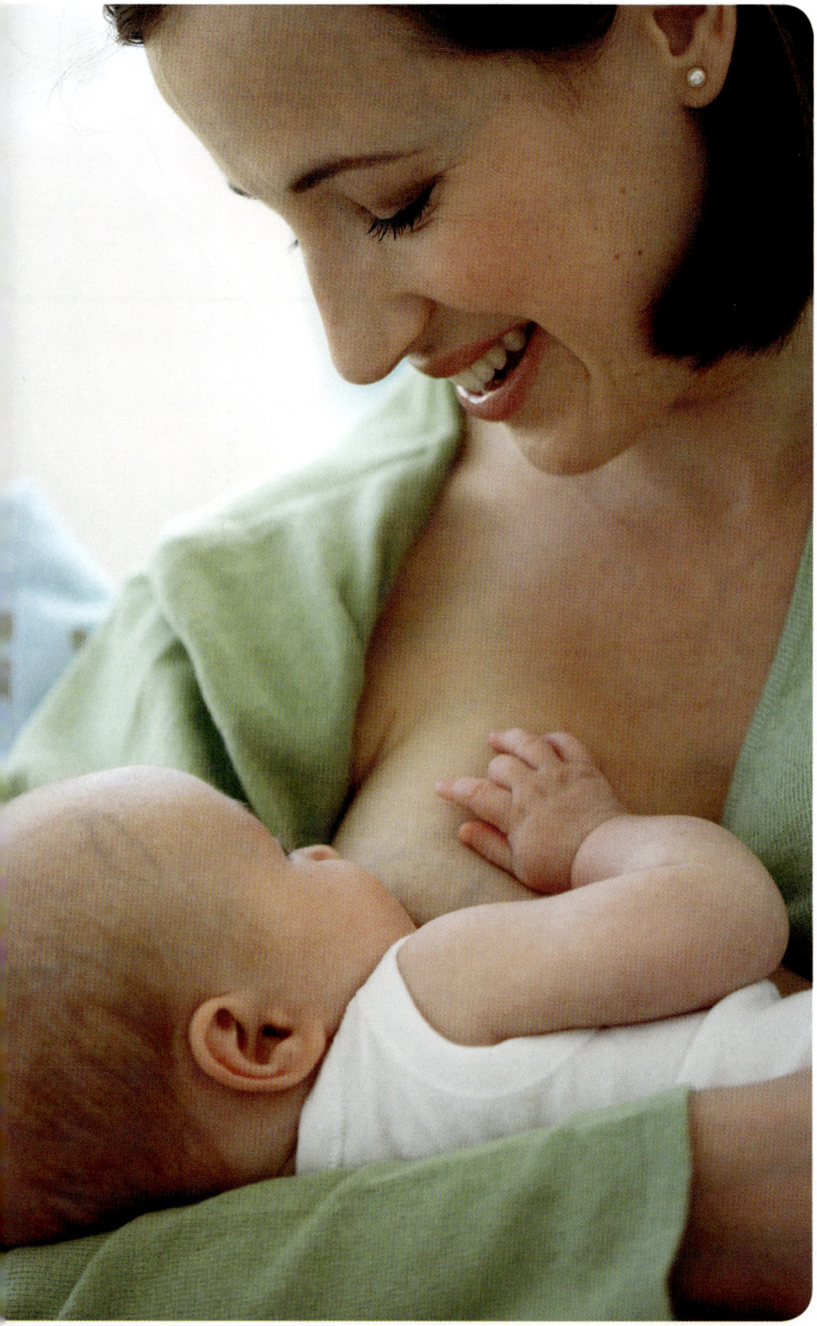

Tu rostro Desde que nace, tu bebé preferirá mirar rostros antes que otra cosa. Deja que te vea la cara mientras se alimenta y muéstrale fotografías de rostros con diferentes expresiones. Observa cuáles le gustan o cuáles le llaman la atención.

Cómo se desarrolla la vista de tu bebé

Al nacer, tu bebé puede ver a una distancia de entre 20-25 cm, pero su visión es borrosa. Al cabo de unas semanas, su capacidad para enfocar y para ver más detalles mejorará. A los ocho meses verá tan bien como tú.

Establecer conexiones Gran parte de la capacidad visual de tu bebé viene con su desarrollo cerebral. Al ver repetidas veces patrones simples, colores y movimientos, sus neuronas o células cerebrales forman una especie de conexiones y el bebé empieza a reconocer los patrones más repetidos. Su percepción de la profundidad se desarrolla mediante estas mismas conexiones entre los tres y los cinco meses de edad. Los expertos opinan que, hasta entonces, los bebés ven en dos dimensiones en lugar de en tres.

Coordinación visual Al nacer, tu bebé no consigue hacer siempre que sus dos ojos trabajen al mismo tiempo. Es posible que veas que se le van en algún momento. Sobre los tres meses de edad empezará a seguir objetos en movimiento con ambos ojos sin problemas. Si observas que sus ojos se le van constantemente hacia dentro o hacia los lados, consulta a un pediatra.

Ver en color Los bebés son capaces de distinguir colores, al menos el rojo y el verde, sobre las dos semanas de vida. Al principio les cuesta distinguir entre tonos similares, como el rojo y el naranja, pero entre los dos y los cuatro meses las diferencias de color se vuelven más claras.

De los 3 a los 6 meses

TU BEBÉ EN CRECIMIENTO

A partir de los tres meses la personalidad de tu bebé empieza a destacar conforme empieza a utilizar su voz y su lenguaje corporal para expresarse. Su movilidad se acelera y, una vez que aprenda a voltearse, mostrará un interés más activo por su mundo.

TU BEBÉ SOCIAL

El círculo social de tu bebé aumenta mes a mes, así como su conciencia y reconocimiento de sí mismo y de aquellos que lo rodean. Sin embargo, tú sigues siendo el centro de su mundo, y tu relación con él crea la base de su sentido de seguridad y de su confianza para independizarse un poco y jugar, y establece el patrón de su manera de relacionarse con los demás. Hacia los tres meses de edad, empezará a sonreír a los extraños, así como a su círculo más cercano, y observará atentamente a otros bebés. Sus habilidades sociales se amplían rápidamente conforme aprende a dar y recibir afecto, a balbucear y a anticiparse a acontecimientos. A los seis meses de edad es capaz de reconocer emociones simples, de llorar si alguien llora y de reaccionar a tu tono de voz.

EN MOVIMIENTO

Tu bebé quiere moverse y le motiva la simple satisfacción de ser capaz de controlar su cuerpo. Su desarrollo físico empieza desde su cabeza y avanza hacia abajo y hacia los lados con el control de sus manos y sus dedos. El control de las piernas y de los pies será el último en llegar.

Durante este período, el control más fuerte de su cabeza le permitirá levantarla apoyándose en los brazos mientras está boca abajo, y poco después tendrá la suficiente fuerza y coordinación como para dominar el arte de voltearse.

CONTROL MANUAL

Tu bebé está decidido a tocar, coger, sujetar y mover a las personas y los objetos que ve y que oye. Si le observas verás cómo se concentra intensamente mientras intenta controlar los músculos de sus brazos, manos y dedos para alcanzar lo que quiere. Finalmente, sobre los tres meses de edad, con mucha persistencia y práctica, elegirá conscientemente agarrar un objeto, y es entonces cuando empezará a afinar los movimientos de sus manitas.

Sin embargo, controlar estos movimientos es sólo la mitad del trabajo que requiere agarrar un juguete. Su creciente capacidad para fijar su atención y seguir objetos con los ojos es fundamental para que logre dirigir los brazos y las manos con precisión, lo que se conoce como la coordinación óculo-manual. Su vista se desarrolla rápidamente al mismo tiempo que su control motor fino, y para cuando alcanza los tres meses de edad le verás mirándose atentamente las manos mientras intenta coger un juguete. Aunque ha estado preparado para estirar los brazos y agarrar juguetes desde los dos meses, será ahora cuando empiece cogerlos de verdad.

HABILIDADES COMUNICATIVAS

Cuando tu bebé aprenda a mover la boca para emitir un sonido, pronto empezará a gorjear y a balbucear. A los tres meses empezará a pronunciar sonidos de vocales como la «o» o la «i»

Sujetar las cosas Conforme la capacidad de agarre de tu bebé mejora, le gustará sujetar y explorar libros y juguetes con diferentes texturas.

Deja que te toque Cuando intente tocarte, acércate y deja que te explore. Sonríele para reforzar esta conexión.

Haz que pasen cosas Mientras aprende el concepto de causa y efecto, dale juguetes que le muestren que sus acciones provocan una reacción.

y a emitir una gran cantidad de chillidos y gorjeos. Pronto empezará a balbucear y verás que repite muchas sílabas, como «ba ba ba» o «ka ka ka». Además de eso, también está ocupado escuchando y aprendiendo para poder recibir comunicación igual de bien que la da.

Además de vocalizar, tu bebé encontrará más modos de comunicar cómo se siente. Hacia los tres meses te dirá lo que le gusta por medio de sonrisas, volviendo la cabeza hacia ti y retorciéndose de gozo. También mostrará lo que no le gusta llorando, poniéndose rojo y sacudiendo los brazos y las piernas de manera frenética.

CAPACIDAD CEREBRAL

La capacidad cerebral de tu bebé se está desarrollando a más velocidad de lo que lo hará posteriormente en su vida. Está preparado y listo para aprender. Todo lo que ve, saborea, huele y oye aporta algo a la comprensión de su mundo. Tú eres su profesor preferido, le das la oportunidad de explorar y experimentar cosas nuevas y estás siempre ahí para explicarlo todo.

Entre los tres y los cuatro meses, también empieza a aprender un concepto clave. Empezará a darse cuenta de que sus acciones pueden hacer que algo suceda. Por ejemplo, si llora, irás hacia él, o si golpea un juguete, éste se moverá. Se trata de la reacción causa y efecto, y comprender este concepto le ayudará a entender el mundo.

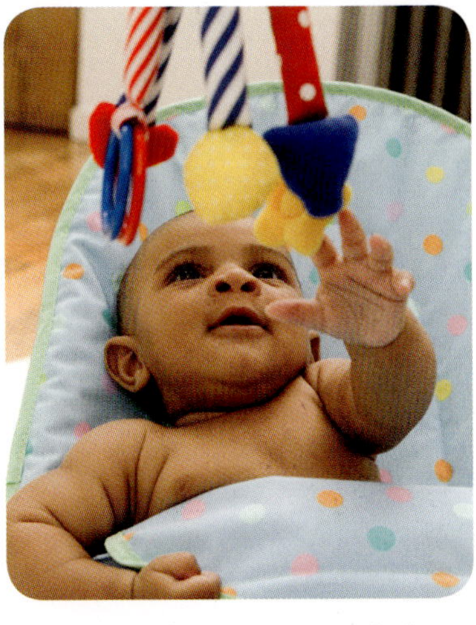

Lo quiero Tu bebé empieza a estirar los brazos para coger cosas. Anímale ofreciéndole juguetes llamativos y ruidosos para que los golpee.

Levantando la cabeza Conforme los músculos de su cuello se fortalecen empezará a mantener la cabeza levantada durante más rato. Deja juguetes que se mueven o que hacen ruido delante o cerca de él para que mire hacia adelante y a su alrededor.

Tu bebé social

Momentos de tranquilidad

Tu bebé y tú estáis empezando a formar un gran equipo. Necesitáis tiempo y paciencia para conoceros. Intenta dedicar momentos a conectar en tranquilidad.

Cómo ayudan estas actividades a tu bebé

Cuando tu bebé y tú compartís momentos de tranquilidad, le estás ayudando a:

★ Conocerte. Los momentos de tranquilidad os permiten concentraros el uno en el otro y reforzar el vínculo que se está formando entre vosotros.

★ Desarrollar sus habilidades sociales. Sin juguetes ni ruidos que le distraigan constantemente, tu bebé puede dedicarse simplemente a observarte y responderte.

★ Compartir una experiencia. Las conexiones sociales se crean pasando tiempo juntos. Estas experiencias compartidas desempeñan un papel fundamental en vuestra relación.

★ Sentirse seguro mirando y escuchando. Cuando estás cerca formas la base segura desde la que puede observar el mundo.

Contento sin hacer nada Estar juntos puede ser suficiente de vez en cuando. Tu bebé percibe tu sonrisa, tu olor y el tacto de tu piel cuando dedicáis tiempo a no hacer nada más que disfrutar de la compañía mutua.

DATO

Los momentos tranquilos de proximidad ayudan a tu bebé a reforzar su vínculo contigo y a relajarse, algo vital para evitar la sobreestimulación.

Mirar Cuando simplemente os sentéis a ver la vida pasar, os relajaréis a la vez que compartís un momento juntos. Sujeta a tu bebé mientras disfruta de las vistas y observa sus pequeños movimientos y expresiones si algo le llama la atención.

Comparte las vistas Tumbaos sobre una manta bajo los árboles y observad cómo se mueven las hojas por encima de vosotros. Después habla de ello, diciendo, por ejemplo: «Hoy hemos visto unas hojas muy bonitas».

Tu bebé social

Encuentros y saludos

A tu bebé le gusta la compañía y sabe cómo demostrarlo. Está preparado para dejar que sus manos hablen cuando te recibe estirando los brazos para darte un abrazo, y observa mientras tú haces señas, saludas con la mano o das tu aprobación. Tus gestos lo preparan para las situaciones sociales, y estará más que dispuesto a imitarte.

Señalar las cosas Todavía no está preparado para señalar, pero ya va siendo hora de enseñarle el gesto. Utiliza tu dedo índice para tocar o señalar claramente un juguete o una imagen. Ve aumentando la distancia entre el dedo y el juguete para que capte la idea.

Saludar y despedirse Decirle a alguien adiós con la mano cuando se marcha es uno de nuestros gestos más comunes. A tu bebé le encantará observarlo y copiarlo. Sujétalo mientras lo haces. Coge su mano y muévesela también. Pronto lo intentará solo.

Cómo ayudan estas actividades a tu bebé

Cuando tu bebé observa cómo saludas a la gente, le estás ayudado a:

★ Asimilar las costumbres sociales. Los gestos suelen utilizarse para marcar el inicio o el final de las situaciones sociales.

★ Comprender las situaciones sociales. Aprender cuándo y por qué se utilizan ciertos gestos le ayuda a interpretar y comprender a los demás.

★ Adoptar buenos hábitos. Saludar a la gente con afecto son buenos modales que aprenderá de ti.

★ Practicar. Gesticular con precisión requiere control muscular y coordinación óculo-manual que irá obteniendo con mucha práctica.

Cógeme cerca de ti Puede que tu bebé todavía no pueda hablar, pero estirará la mano para tocarte la cara a modo de saludo y para mostrarte lo contento que está de que lo acerques a ti.

Te necesito Muéstrale gestos como hacer señas o estirar los brazos cuando quiera que lo cojas y anímale a imitarlos. Se verá motivado de manera natural a comunicarse contigo mediante estas señales tan importantes.

Tu bebé social

Conocer a la familia

Hasta hace poco, tu bebé ha estado completamente enfrascado en su relación contigo, pero ahora está listo para ampliar su círculo social. Es el momento de que le presentes a otras personas y de que le ayudes a reforzar el vínculo con sus hermanos, hermanas y otros miembros cercanos de la familia.

Cómo ayudan estas actividades a tu bebé

Cuando dejas que otros miembros de la familia participen en la vida de tu bebé, le estás ayudando a:

★ Ampliar su red de seguridad. Toda tu familia: hermanos, abuelos, tías, tíos y primos proporcionan un entorno de afecto y de cuidados a tu bebé.

★ Ser capaz de estar sin ti. Sentirse próximo a otras personas reduce la posible angustia de tu bebé cuando se acercan a él, lo cogen o cuidan de él durante unas horas en tu ausencia.

★ Crea vínculos de por vida. Tu bebé está iniciando relaciones duraderas con los miembros de su propia generación, ya sea con su hermano, con su hermana o con un primo.

★ Desarrollar sus habilidades sociales. Tu hijo está preparado para practicar su sonrisa y sus balbuceos con una nueva audiencia para ver si ellos también le responden.

DATO

Sobre los cuatro meses de edad, tu bebé os reconocerá tanto a ti como a sus hermanos, quienes se deleitarán con sus sonrisas espontáneas y sus frecuentes risitas.

Comparte un juego Al presentarle a un nuevo familiar, coge a tu bebé y dale tiempo para observar a la otra persona. Deja que el familiar comparta una historia o que juegue con él a un juego de contacto como «Fui a la carnicería». Si tú también participas, tu hijo se sentirá seguro a la hora de socializarse.

Reuniones pequeñas Preséntale a las personas en grupos reducidos y haz que las visitas sean cortas. Mostrará interés cuando esté bien despierto, de modo que planea las presentaciones en los momentos en que suela estarlo.

Cógeme Cuando estira los brazos pidiendo abrazos a otros miembros de tu familia, es un claro signo de que está creciendo. Da a tus familiares la oportunidad de establecer un vínculo y de pasar tiempo con tu hijo.

Mejores amigos Anima a tu hijo o hija mayor a observar la reacción del bebé cuando le hace una mueca o le ofrece un juguete. Explica lo que quiere decir con la mirada, la sonrisa o sus gestos. Su vínculo aumentará conforme vayan respondiéndose.

En movimiento

Boca abajo

Es estupendo jugar bien en todas las posiciones y en el caso de tu bebé esto significa poder jugar y ejercitarse tanto tumbado boca abajo como boca arriba. Cuando esté tumbado boca abajo se empujará hacia arriba con las manos y los dedos de los pies, levantará la cabeza y fortalecerá músculos que no puede ejercitar en otras posiciones.

Cabeza erguida Anima a tu bebé a levantar la cabeza brevemente llamándolo y haciendo ruidos con un juguete por delante y ligeramente elevado sobre él. Cuando diriges su atención hacia arriba subirá la cabeza también.

Cómo ayudan estas actividades a tu bebé

Dejando que tu bebé pase bastante tiempo tumbado boca abajo le estás ayudando a:

★ Prepararse para dar la vuelta. Tu hijo empezará a practicar movimientos, como empujarse hacia arriba, que son fundamentales para voltearse y gatear.

★ Levantar la cabeza. Estar tumbado sobre su vientre es una posición ideal para que fortalezca los músculos del cuello, algo fundamental para que logre controlar la cabeza.

★ Tolerar algo nuevo. Sigue intentando dejarlo boca abajo: empieza dejándolo unos momentos y ve ampliando el tiempo poco a poco. Así aprenderá a superar contratiempos al mismo tiempo que se acostumbra a esta nueva experiencia.

Haz el esfuerzo Estar tumbado boca abajo puede ser muy duro. Coloca juguetes o espejos para que pueda verlos al levantar la cabeza. Túmbate boca arriba y colócalo boca abajo sobre tu vientre: intentará verte la cara.

Acostumbrándose Al principio, la sensación de estar tumbado boca abajo puede resultarle extraña y frustrante. Túmbate con él y mantén su interés haciendo pedorretas, muecas u ofreciéndole juguetes.

CONSEJO

Utiliza una superficie firme y cómoda. Evita las almohadas y otros materiales blandos que puedan dificultar su respiración. No le quites la vista de encima a tu hijo y no dejes que se duerma en esta posición.

En movimiento

Jugar sin el pañal

A tu bebé le encanta moverse, pero la ropa y los gruesos pañales pueden hacer que se sienta limitado. Libera sus extremidades de vez en cuando para que disfrute de nuevas sensaciones en su piel y de una mayor libertad de movimiento.

Ejercicio Tu bebé disfrutará ejercitando su cuerpo cuando le pongas un poco de resistencia. Antes de ponerle un pañal limpio, presiona ligeramente las plantas de sus pies mientras mueve las piernas, o guíaselas tú en un movimiento circular para refinar sus acciones.

Cómo ayudan estas actividades a tu bebé

Permitir que tu bebé pase un tiempo sin pañal y sin ropa le ayuda a:

★ Moverse libremente. Disfrutará de una gran amplitud de movimiento sin ropas que le limiten.

★ Controlar sus movimientos. Necesita ser capaz de utilizar los dedos de los pies para empujarse.

★ Desarrollar la coordinación. Cuanto más vea su cuerpo moverse y más lo sienta, antes mejorará su coordinación óculo-manual.

★ Disfrutar. A tu bebé le entusiasma mover su cuerpo.

Estoy libre Sin pañal, calcetines o el pijama, tu bebé puede sentir su cuerpo trabajando contra el suelo. Si lo tumbas boca abajo se empujará hacia arriba con las rodillas y hará fuerza con los dedos de los pies contra la alfombra. Estos dos movimientos le ayudan a prepararse para gatear.

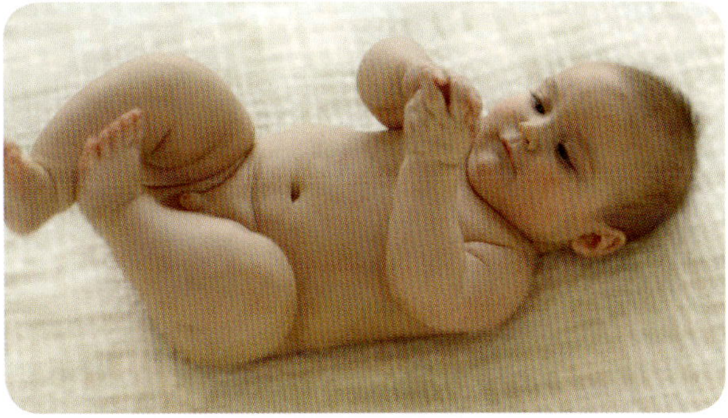

Mi cuerpo Para tu bebé es un auténtico placer poder moverse libre, sin restricciones, y ver su cuerpo en acción. Dirige su atención hacia sus manos, brazos, pies y piernas nombrándolos mientras se mueva para proporcionarle más información respecto a su cuerpo.

En movimiento

Juegos físicos

Tu bebé disfruta cuando lo pones en diferentes posturas. Conforme el control de su cabeza vaya aumentando, le gustará rebotar, mecerse y girarse en tus brazos, mejorando su equilibro y la conciencia de su cuerpo en el proceso.

Cómo ayudan estas actividades a tu bebé

Sujetando a tu bebé mientras su cuerpo se mueve en distintas direcciones le estás ayudando a:

★ Desarrollar mejor el equilibrio. Los movimientos activan los sensores de movimiento de su canal auditivo, lo que estimula las partes de su cerebro responsables del equilibrio.

★ Fortalecer el control de su cabeza. Sujetar su cabeza y su cuerpo en ángulos diferentes fortalece mucho los músculos de su cuerpo.

★ Adquirir conciencia de su cuerpo. Tu bebé está descubriendo cómo se mueve su cuerpo en el espacio y está avanzando para conseguir un gran hito: voltearse.

Distintos ángulos Sostén a tu bebé firmemente entre tus brazos o sobre tus rodillas. Después muévelo ligeramente hacia arriba y hacia abajo. El niño doblará las rodillas en respuesta para ayudarte.

Rebotes Cuando su coordinación y el control de su cabeza mejoren disfrutará de los rebotes. Siéntalo sobre tus rodillas y levántalas para que rebote o colócalo en un saltador para puertas y observa cómo se impulsa.

Casi bailando Los músculos de tu bebé se ejercitan mucho cuando su cuerpo se sostiene y se mueve en ángulos diferentes. Tu hijo se sentirá seguro siempre y cuando esté en tus brazos, incluso cuando el movimiento le pille desprevenido.

Girándose Sujétalo bien y gíralo lentamente: la sensación será nueva para él y le resultará agradable, siempre y cuando lo hagas despacio. No lo muevas demasiado de prisa ni le des sacudidas, no le gustará.

CONSEJO

Sigue las instrucciones de seguridad de tu saltador de puerta. Utilízalo solamente cuando tu bebé tenga suficiente control sobre su cabeza y durante no más de diez o quince minutos.

Respuesta fantástica Sostén la cabeza de tu bebé y mécelo de lado a lado, de arriba abajo o en diagonal para crear diferentes sensaciones. Todas estas acciones le ayudan a ser más consciente de su cuerpo y del espacio que éste ocupa en el mundo.

Cómo ayuda a la coordinación el movimiento

Todos los movimientos que hace tu hijo alimentan su cerebro con información que le ayuda a desarrollar su coordinación.

Estimulación nerviosa Para mejorar y refinar su movimiento, la principal necesidad de tu bebé es la respuesta de sus sentidos. Cada vez que se mueve, las terminaciones nerviosas de sus articulaciones o de la superficie de su piel y donde su cuerpo toca el suelo proporcionan una respuesta que ayuda a su cerebro a desarrollar un «mapa» de su cuerpo y de sus movimientos.

Músculos más fuertes La actividad física, desde sacudir las piernas hasta empujarse mientras está tumbado boca abajo, fortalece sus músculos para que puedan coordinarse. Repetir los mismos movimientos una y otra vez refuerza los mensajes que llegan al cerebro sobre cómo funciona cada brazo, cada pierna, cada mano y cada pie, lo que a su vez ayuda a mejorar el desarrollo de la coordinación.

La práctica hace la perfección Cuando tu bebé intenta nuevos movimientos y persiste para alcanzar un juguete o empujándose con los dedos de los pies para avanzar hacia adelante está creando patrones en su cerebro que hacen que sus movimientos le resulten un poco más fáciles cada vez.

El cuerpo y la mente No se trata sólo del movimiento. Cuando la información sobre la posición y la acción de su cabeza, su cuerpo y sus extremidades coincide con lo que puede ver está en el buen camino para apuntar y coger un juguete o para impulsarse hacia adelante.

En movimiento

Flexiones

Tu bebé está en proceso de movilizarse y cada movimiento que hace está dirigido hacia este objetivo. Empujar hacia arriba para mantener su peso o intentar mantener el equilibrio le ayudarán a conseguir voltearse, gatear y ponerse de pie.

Cómo ayudan estas actividades a tu bebé

Mover el cuerpo es divertido, pero para tu bebé requiere un gran esfuerzo. Animándole le estás ayudando a:

★ Practicar. Sólo conseguirá dominar sus movimientos repitiéndolos constantemente.

★ Coordinar los movimientos. Una tarea que parece tan sencilla como mirar, alcanzar y agarrar un juguete implica que tu bebé tenga que hacer que trabajen varias partes de su cuerpo al mismo tiempo.

★ Lograr su objetivo. Tu hijo se está esforzando por mover su cuerpo y se sentirá inmensamente satisfecho cuando logre avanzar unos centímetros o cuando consiga coger el juguete que quiere.

Arriba y mirando Levantar la cabeza y el pecho es una acción fundamental para empezar a gatear. Anímalo sosteniendo un juguete por delante y un poco por encima de él y recompénsalo con sonrisas y palmadas. Intenta practicar esta postura cuando estéis en el jardín o en un espacio abierto para que tenga más cosas que ver cuando se levante.

Aguantar algo de peso Mientras cargas la mayor parte de su peso, deja que empuje con sus pies. Balancéalo ligeramente para que sienta cómo el peso pasa de un pie a otro. Ejercitarás sus músculos y mejorarás su equilibrio.

Estoy volando Pon a prueba con cuidado el equilibrio de tu bebé. Hazlo «volar» sobre tus piernas o túmbalo sobre tu vientre y, sujetándolo bien, mécelo ligeramente para que se acostumbre a utilizar los brazos y las piernas para estabilizarse.

DATO

Pasar un tiempo tumbado boca abajo anima a tu bebé a levantarse y, finalmente, a gatear. Así también se acostumbra a adoptar diferentes posturas y su cuerpo se desarrolla uniformemente.

En movimiento

Cogiendo fuerza

Tu bebé les exige mucho a sus músculos mientras juega, se empuja hacia arriba e intenta alcanzar cosas. A veces se cansará y se sentirá frustrado, y otras estará totalmente absorbido cuando su cuerpo empiece a funcionar tal y como él quiere.

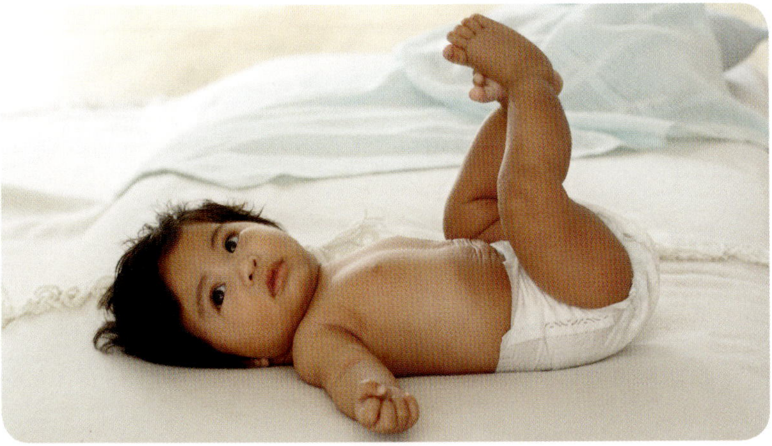

Trabajar todos los ángulos Tu bebé necesita fortalecer diferentes grupos musculares por igual para que éstos se coordinen bien. Controla cuánto tiempo pasa tumbado boca arriba y boca abajo. Anímale a mirar y a alcanzar cosas a la izquierda y a la derecha para que desarrolle ambos lados por igual.

Cómo ayudan estas actividades a tu bebé

Cuando tu bebé tiene la posibilidad de practicar movimientos grandes en varias posturas diferentes, le estás ayudando a:

★ Desarrollarse proporcionalmente. Tanto la parte izquierda y derecha como la parte delantera y trasera de su cuerpo necesitan fortalecerse por igual y al mismo tiempo para que consiga girar, gatear y, finalmente, andar.

★ Hacer movimientos suaves. Conforme sus músculos se fortalecen, sus movimientos se vuelven más estables y menos bruscos.

★ Prepararse para sentarse. Tu bebé necesita que los músculos de su tronco y de sus piernas sean fuertes para sentarse sin que nadie lo sujete.

Alcanzar cosas Sobre los seis meses, sus músculos le ayudan a mantenerse estable mientras practica pequeños movimientos. Coloca un juguete justo fuera de su alcance: tendrá la fuerza suficiente para mantenerse estable mientras lo coge.

¡De pie! Los músculos gruesos de las piernas de tu bebé sostienen su peso y le ayudan a girar y a gatear. Ayúdale a fortalecerlos sujetándolo bien mientras está de pie y dobla las rodillas sobre tus piernas.

En movimiento

Bebé acuático

Empieza las aventuras de tu bebé con el agua lo antes posible. Haz que los ratos en la bañera, en la piscina hinchable, en las clases de natación o en la palangana sean divertidos. Tu objetivo es que se relaje, que se sienta seguro en el agua y que disfrute al sentirla sobre su rostro y su cuerpo.

Cómo ayudan estas actividades a tu bebé

Cuando jugáis juntos con el agua o cuando llevas a tu bebé a nadar, le estás ayudando a:

★ Mejorar su coordinación. En el agua puede intentar realizar movimientos que todavía no tiene la suficiente fuerza muscular para controlar en el suelo.

★ Ejercitar sus músculos. Cada patada y cada salpicadura fortalecen sus músculos. Los juegos en el agua le cansarán.

★ Desarrollar su confianza. Tanto en la bañera como en la piscina, se sentirá más cómodo al mojarse si juega en el agua con regularidad.

Salpicando Dale a tu bebé el gusto de salpicar. Deja juguetes en el agua para que pueda golpearlos o hundirlos en el agua y salpicarlo todo. Fijarse en el efecto que sus movimientos tienen en el agua le ayudará a refinarlos.

Clases de natación Apúntate a un curso de natación para bebés. Así aprenderás cómo ayudar a tu bebé a moverse en el agua y a mantenerlo a salvo. Infórmate sobre los cursos consultando a otros padres, a tu pediatra o en un centro de ocio.

Diversión veraniega Una vez que sea capaz de sentarse sin que lo sujeten, una piscina hinchable es muy divertida cuando hace mucho calor. Métete con él y observa cómo disfruta de los reflejos en el agua y de la brisa sobre su piel.

DATO

Tu bebé no tendrá la coordinación suficiente para nadar hasta dentro de un par de años, pero hacer que se sienta seguro y relajado rodeado de agua es importante tanto para él como para ti.

Libertad de movimiento En la ingravidez del agua muchos movimientos resultan más sencillos para tu bebé. Deslízalo por ella y ayúdalo a realizar movimientos que serían demasiado difíciles de hacer en firme. Le encantará que lo deslices hacia ti para daros un abrazo acuático.

Llevar a nadar a tu bebé

Eres tú quien debe decidir cuándo llevar a nadar a tu bebé. Muchos cursos de natación para bebés aceptan niños de doce semanas de edad, aunque algunos pediatras recomiendan esperar hasta los seis meses, cuando el niño tiene un mayor control de la cabeza y más fuerza muscular.

Vacunas Tu bebé no necesita estar vacunado ya que el cloro del agua mata cualquier virus o bacteria. Pero es posible que, si es muy pequeño, se sienta agobiado en una piscina grande.

Higiene Tu hijo debe llevar siempre puesto el pañal en una piscina pública.

Temperatura del agua Los bebés pierden el calor corporal con mucha rapidez, de modo que el agua debe estar lo bastante caliente. Lo recomendable es que esté entre 30 y 32 ºC.

Seguridad Controla a tu bebé todo el tiempo y no lo dejes nunca desatendido ni dentro ni cerca del agua, ni siquiera por un segundo. Los bebés pueden ahogarse en menos de un minuto y en unos pocos centímetros de agua.

Cuándo no debe nadar No lleves a tu hijo a nadar si está enfermo, y deja que pasen al menos 48 horas si ha vomitado o ha tenido diarrea. Si albergas dudas, consulta con el pediatra.

En movimiento

Mirar y estirarse

Tu bebé tiene una gran curiosidad por ver las cosas desde distintas perspectivas, desde arriba, desde abajo y mientras se está moviendo. Cambiar frecuentemente su postura lo mantiene estimulado y lo anima a moverse. Además, probar nuevos puntos de vista y ensayar nuevas posiciones será muy beneficioso para el desarrollo muscular de tu pequeño, y le ayudará a ganar coordinación y equilibrio.

Cómo ayudan estas actividades a tu bebé

Cuando tiene libertad para moverse y estirarse en posturas diferentes, le estás ayudando a:

★ Fortalecer distintas partes del cuerpo. Tu bebé tiene que trabajar grupos musculares diferentes cada vez que lo cambias de postura.

★ Coordinar su cuerpo. Al cambiar de posición fortalece su tronco y mejora la coordinación.

★ Desarrollar su equilibrio. Cada ángulo proporciona a tu bebé nueva información sobre la postura de su cuerpo y le ayuda a trabajar su equilibrio en cada una de ellas.

DATO

Juegas un papel fundamental en los primeros movimientos de tu bebé. Los estudios indican que el contacto físico y la realización de actividades con los padres estimulan el crecimiento y el desarrollo de los bebés.

Bien sentado Apoya a tu bebé para que esté bien estabilizado y dale algunos sonajeros para que los coja. Anímalo a inclinarse hacia adelante para chocarte la mano o ponle un paño sobre las piernas para que se lo quite. Cada vez que se incline estará perfeccionando su equilibrio.

Mirar y moverse Proporciónale a tu bebé cosas que observar y con las que jugar mientras está tumbado boca abajo para mantenerlo motivado y que se quede un rato así. Le gustará mirar un libro o un espejo de juguete, girará la cabeza hacia los lados cuando aprietes un juguete que haga ruido e intentará levantar la cabeza cuando lo llames.

Compartir las vistas Túmbate con tu bebé. Le gustará que copies sus movimientos, y él copiará los tuyos como respuesta. Tumbaos en lugares donde no soláis hacerlo como, por ejemplo, bajo una mesa tocándola con los dedos de los pies, o en el jardín bajo la colada tendida.

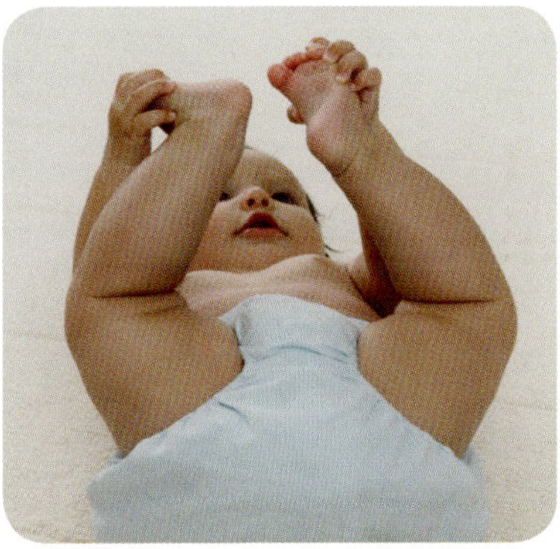

Mantén el movimiento Los movimientos de tu bebé se ven más limitados sentado en el asiento del coche, en el carrito o en el saltador. Asegúrate de que disfrute de mucho tiempo en tus brazos o libre sobre el suelo para que pueda moverse cuanto quiera.

Yoga para bebés

Las clases de yoga para bebés permiten a los padres y a los niños ejercitarse juntos. Éstas implican estiramientos y movimientos suaves, ejercicios de respiración y técnicas de relajación para estimular la coordinación y la flexibilidad.

Ventajas del yoga para bebés La actividad física suave tiene el objetivo de incrementar el vínculo entre vosotros, ayudar a tu bebé a calmarse y a dormir mejor, y también te aporta a ti una sensación de relajación. Se centra en los movimientos y en la relajación mientras ambos practicáis posturas juntos. Además, te ayuda a sentirte más segura a la hora de tratar a tu bebé y puede aumentar la conciencia de tu hijo sobre su propio cuerpo y su confianza conforme crece.

Cuándo empezar Los cursos de yoga admiten a bebés de entre doce y dieciséis semanas de edad, aunque las opiniones varían y algunos grupos empiezan desde que el bebé es un recién nacido.

Qué necesitaréis Consulta si la clase tiene esterillas, ya que necesitarás llevar una para ti y otra para tu bebé, aparte de la bolsa para sus cuidados esenciales.

Pautas de seguridad No deberías llevar a tu hijo a clases de yoga si se encuentra enfermo. Si tu bebé tiene problemas médicos constantes, consulta con el pediatra si el yoga está recomendado en su caso.

En movimiento

Darse la vuelta

Tu bebé está a punto de lograr un hito importante del movimiento: darse la vuelta. Se sorprenderá tanto como tú cuando sus movimientos y sus estiramientos lo vuelquen y pase de estar boca arriba a estar boca abajo.

DATO

Algunos bebés pueden darse la vuelta y ponerse panza arriba a los tres meses pero la mayoría necesitan la fortaleza de los músculos del cuello y de los brazos que tienen entre los cinco y los seis meses.

Cómo ayudan estas actividades a tu bebé

Alentando a tu bebé a seguir los pasos que le llevan a darse la vuelta le estás ayudando a:

★ Aumentar su fuerza. Necesita que los músculos de su estómago estén fuertes para darse la vuelta.

★ Practicar. Poder mecerse, empujarse con los pies y estirarse le ayuda a voltearse.

★ Experimentar movimientos. Si lo sujetas mientras se da la vuelta, experimenta la sensación de su cuerpo girándose.

★ Desarrollar su cuerpo por partes iguales. Dejar que juegue y que se estire a ambos lados por igual garantiza un desarrollo muscular equilibrado.

¡Sorpresa! Es posible que tu bebé se quede un poco sorprendido al mismo tiempo que contento tras haberse dado la vuelta las primeras veces. Hazle ver con tu entusiasmo que darse la vuelta es algo positivo y después vuelve a girarlo para que pruebe de nuevo.

1 **Cuando los músculos del cuello y de los brazos de tu bebé** sean lo bastante fuertes podrá levantar el brazo e impulsarlo sobre su cuerpo girándolo por completo sobre su costado al hacerlo.

2 **Con la parte superior de su cuerpo girada**, tu bebé empezará a coordinar el movimiento de sus piernas, levantando una de ellas hacia arriba y hacia el lado y girándola por completo hasta tocar el suelo.

3 **Ahora que ha conseguido darse la vuelta y ponerse boca abajo** por completo tiene la suficiente fuerza como para sostenerse sobre sus brazos y ya no tardará en empezar a gatear y a moverse por todas partes.

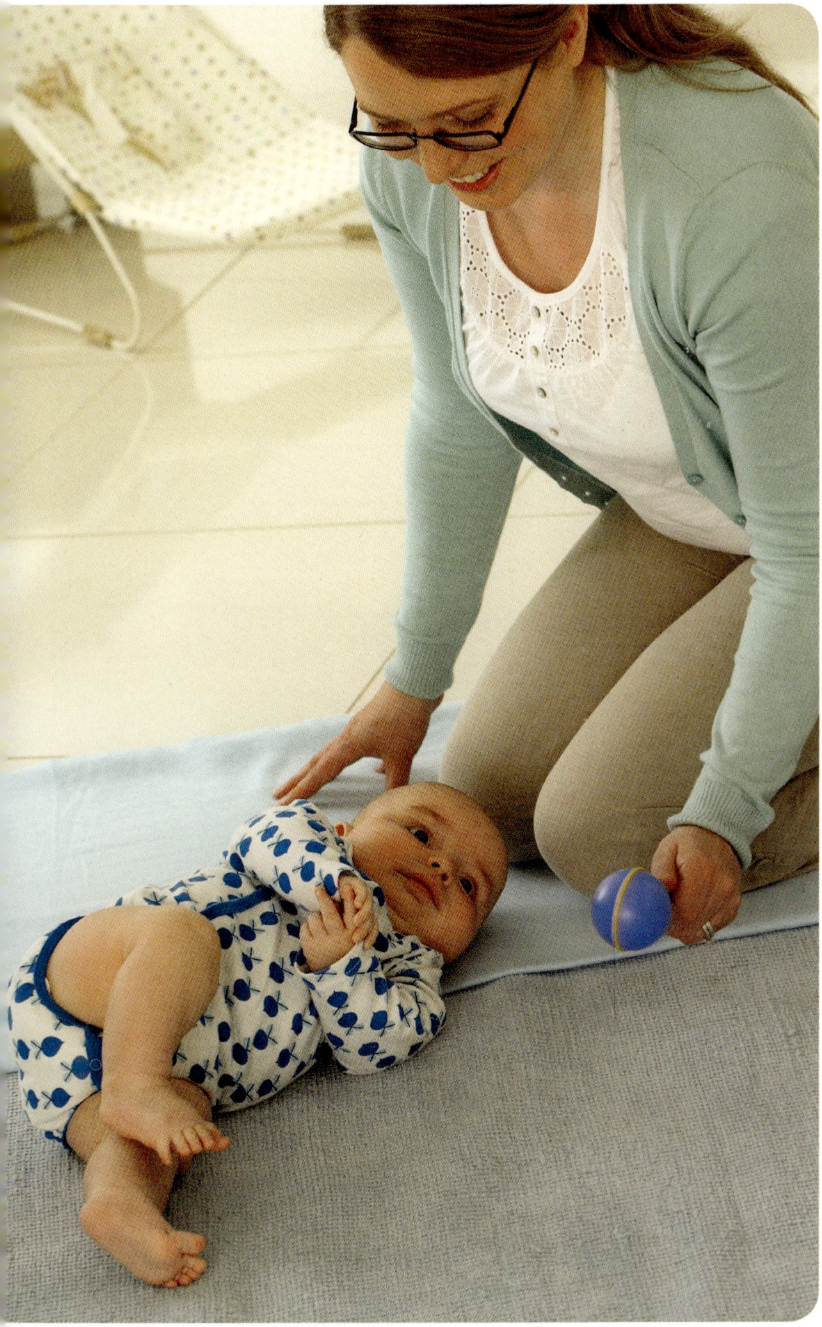

Algo que alcanzar Motiva a tu bebé para girarse hacia un lado colocando juguetes llamativos y sonajeros a su alrededor. También puedes levantar su cuerpo suavemente para que empiece a acostumbrarse a la sensación de girar.

Mantener a tu explorador a salvo

Cuando tu bebé empiece a darse la vuelta ya no parará. Un entorno seguro le da la libertad de explorar y ejercitar su curiosidad sin las constantes reprimendas de no acercarse a esto o a aquello.

Prepara tu casa a prueba de bebés Agáchate y verás las esquinas puntiagudas de las mesas al nivel del bebé y los atractivos enchufes y los botones de la cocina preparados para que sus pequeños dedos los exploren cuando empiece a levantarse. Todos estos peligros pueden evitarse supervisando al niño constantemente y utilizando dispositivos de seguridad, como puertas en las escaleras y seguros antiniños.

Guarda bien los productos tóxicos Muchos productos domésticos son venenosos, pero a tu bebé los colores brillantes y llamativos de las botellas y los envoltorios y el olor agradable le resultan atractivos. Productos como los líquidos y vaporizadores de limpieza, el alcohol y las medicinas deberían estar guardados en un armario, un cajón o un botiquín con bloqueo antiniños.

Haz que tu jardín sea seguro Guarda todos los productos químicos, herramientas afiladas y cualquier otra cosa que pudiese dañar a tu bebé. Comprueba que no tienes ninguna planta venenosa o, si tienes alguna, retírala si hay alguna posibilidad de que tu bebé se la meta en la boca.

Evita los riesgos No dejes a tu bebé ni por un momento en situaciones en las que su curiosidad podría ponerle en peligro. Vigílalo especialmente cuando esté comiendo o cuando esté cerca del agua.

Aprende técnicas salvavidas Si todavía no lo has hecho, apúntate a un curso de primeros auxilios para aprender qué hacer en caso de emergencia.

En movimiento

Sentarse y coger cosas

Tu bebé está intentando sentarse por todos los medios, aunque se tambalee y se caiga. Cuando consiga sentarse sin caerse, tendrá la base estable desde la que podrá estirarse y usar las manos para explorar el medio que le rodea.

Cómo ayudan estas actividades a tu bebé

Cuando animas a tu bebé mientras está sentado, le estás ayudando a:

★ Fortalecer su tronco. Tu bebé necesita fortalecer los músculos de su espalda y de su abdomen para mantenerse en posición sentada.

★ Experimentar. Está aprendiendo hasta dónde puede inclinarse sin caerse probando y equivocándose.

★ Aumentar el control sobre su cuerpo. Una vez que tu bebé tiene una base firme, puede dirigir sus brazos y sus manos para ir donde quiera.

Seguir intentándolo Lograr sentarse y no caerse requiere práctica. Conforme tu bebé vaya cogiendo fuerza y equilibrio, facilítale ocasiones para sentarse sin ayuda para ver si puede mantenerse. Estate preparada para cogerlo si se cae.

Caídas suaves Se caerá muchas veces mientras aprende a sentarse. Evita chichones y moratones colocando almohadas para proporcionarle una caída suave, de este modo estará más dispuesto a intentarlo de nuevo sin derramar demasiadas lágrimas.

DATO

Una mayor fuerza en el cuello y en el pecho permite a tu bebé estar sentado, pero no llegar a adoptar esa posición. Cuando aprenda a inclinarse hacia adelante sin caerse tendrá la confianza suficiente como para sentarse solo.

Estirarse para alcanzar los juguetes Ser capaz de sentarse sin ayuda, e incluso de sentarse solo a los seis meses, requiere fuerza y equilibrio. Ayúdale colocando juguetes en diferentes posiciones alrededor de él para que tenga que estirarse y girarse para cogerlos.

Control manual

Agarrar las cosas

Tu bebé quiere cogerlo todo y ahora puede. Está empezando a desarrollar un control más consciente sobre sus movimientos y está preparado para golpear y agarrar cualquier cosa que le llame la atención.

CONSEJO

Juguetes como los sonajeros, los carruseles, los gimnasios, los cubos y los libros para bebés le ayudarán a aprender a agarrar y golpear. Cualquier cosa que haga ruido o que se encienda resultará doblemente atractiva.

Apuntar alto Puedes ver la determinación de tu bebé cuando golpea los juguetes de su gimnasio infantil o su carrito, o aquellos que sujetas por encima de él. No te preocupes si no acierta: cada vez que lo intenta está mejorando poco a poco su puntería.

Cómo ayudan estas actividades a tu bebé

Cuando le ofreces una variedad de juguetes ruidosos, llamativos, blandos, saltarines o que se muevan, le estás ayudando a:

★ Seguir intentándolo. Al principio, la mayoría de las veces tu bebé no logrará alcanzar los juguetes que desea, pero con mucha práctica perfeccionará su puntería.

★ Desarrollar su cerebro. Cada movimiento que hace tu bebé refuerza las conexiones en su cerebro, lo que le permite perfeccionar sus movimientos.

★ Mirar y agarrar. Los ojos y las manos de tu hijo deben trabajar coordinadas para que vea lo que quiere y apunte para alcanzarlo.

Mira hacia arriba Tu bebé necesita ser capaz de enfocar y seguir objetos en movimiento con los ojos y ser capaz de cogerlos. Cuelga un móvil sobre su cuna, cógelo en brazos y observadlo.

Oír, ver y golpear Los juguetes ruidosos son ideales para llamar la atención y hacer que tu bebé mire, se estire y se gire. Aprieta un juguete que cruja o un papel sobre él y a los lados para atraerle y animarle a que se estire y lo coja.

Entre sus manos Ser capaz de abrir la mano y enroscar los dedos alrededor de un juguete son movimientos muy difíciles y tu bebé estará encantado cuando logre hacerlo. Sujeta un juguete cerca de su mano y espera a que abra la palma para agarrarlo.

Juguetes fáciles de agarrar Échale una mano a tu bebé ofreciéndole juguetes fáciles de agarrar. Juguetes blandos, pequeños, sonajeros y juguetes con mangos o bultos son ideales para agarrarlos, de modo que habrá más posibilidades de que logre cogerlos.

Cómo se desarrolla la capacidad de agarrar objetos de tu bebé

Hacia los tres meses de edad, tu bebé utiliza las manos para todo tipo de actividades.

Pérdida de los reflejos del recién nacido El reflejo de agarre de tu bebé ha desaparecido y será capaz de abrir y cerrar las manos cuando quiera y de cogérselas y apretarlas juntas. Está ocupado aprendiéndolo todo sobre ellas y sobre lo que pueden hacer.

Apuntar a su objetivo Sus primeros intentos de coger un objeto consistirán en lanzarle manotazos, posiblemente tocándolo con los dedos, pero no logrará apuntar bien. No obstante, seguirá intentándolo y cada manotazo que dé le ayudará a ajustar lo que ve con la dirección hacia la que va su mano.

Control mejorado Hacia los cuatro o cinco meses habrá mejorado el control de sus pequeños movimientos, incluidos los movimientos de sus manos y la coordinación óculo-manual. Esto significa que puede ver lo que quiere y dirigir sus manos hacia ello. Al principio empezará a agarrar las cosas con las dos manos, posiblemente «atrapando» el juguete en lugar de cogerlo.

Mejorando su capacidad A partir de los seis meses, tu bebé será capaz de coger cosas sin necesidad de mirarse las manos para comprobar que van en la dirección correcta para cogerlas. Ahora agarrará juguetes con toda la mano. Hacia los nueve meses empezará a utilizar el pulgar y el índice para coger cosas. Entre los doce y los quince meses cogerá las cosas haciendo pinza de un modo mucho más refinado y hábil.

Control manual

Explorando a través del gusto

Tu joven explorador ha descubierto su boca y quiere dirigir todo hacia ella. Repleta de terminaciones nerviosas y de papilas gustativas, la boca y la lengua le proporcionan información acerca de los sabores, las texturas y la consistencia de las cosas.

Cómo ayudan estas actividades a tu bebé

Cuando animas a tu bebé a descubrir sabores y texturas con la boca, le estás ayudando a:

★ Desarrollar la coordinación óculo-manual. Está empezando a entender la posición de sus manos en relación con el resto de su cuerpo.

★ Agarrar cosas. Cada objeto o pieza de comida que coja le ayuda a practicar el abrir y cerrar la mano, los dedos y la boca.

★ Mover la lengua. Para hablar y para comer tu bebé necesita realizar pequeños movimientos con la lengua. Llevarse cosas a la boca es una gran práctica para desarrollar estas habilidades.

★ Investigar. Esta área de su cuerpo es muy sensible y le proporciona una gran cantidad de información a su cerebro en desarrollo.

★ Estimular sus sentidos. Está descubriendo nuevas sensaciones experimentándolas en los labios y en la lengua.

DATO

Al nacer, los bebés prefieren sabores dulces y rechazan los ácidos. No muestran ninguna reacción a los sabores salados hasta los cuatro meses, cuando empiezan a desarrollar el gusto por ellos.

Los pies a la boca El cuerpo de tu bebé es muy flexible. Si lo colocas boca arriba se tocará y se cogerá los pies, e incluso se los llevará a la boca. Esta combinación de movimientos pequeños y grandes es ideal para practicar coordinaciones más complejas más adelante.

Sensaciones diferentes Tu bebé utiliza sus manos, labios, lengua y boca para investigar. Ofrécele varios objetos seguros que llevarse a la boca, como un anillo de dentición refrigerado o juguetes blanditos o con texturas.

Sano y salvo Tu hijo se meterá todo lo que pueda en la boca, ya sea grande o pequeño, para investigarlo a fondo. Ofrécele únicamente objetos seguros que sean más grandes que su boca para evitar que se asfixie.

Primeros alimentos Ser capaz de llevarse comida a la boca es un uso excelente de la nueva habilidad de tu bebé de coger y mover objetos pequeños. Cuando esté preparado, dale comidas fáciles de coger, como un plátano. Lo pondrá todo perdido, lo más probable es que no siempre acierte a la boca ya que todavía está practicando.

Evita objetos con los que pueda asfixiarse

Cuando tu bebé empiece a metérselo todo en la boca, tendrás que estar todavía más atento a todo lo que esté a su alcance y que suponga peligro de asfixia.

Peligros domésticos Comprueba el suelo y otras superficies regularmente por si hubiese objetos pequeños que pudieran representar un riesgo. Las monedas, los botones, los clips, las tapas de bolígrafos y las pilas pequeñas son objetos peligrosos para los bebés y los niños pequeños. Escoge juguetes que estén catalogados como seguros para los bebés, ya que los juguetes para niños más mayores pueden contener piezas pequeñas con las que podría asfixiarse.

Alimentos sólidos Cuando introduzcas alimentos sólidos, consulta cuáles son seguros para tu bebé. Corta o aplasta siempre la comida en piezas muy pequeñas y supervisa a tu hijo a la hora de comer. Algunos alimentos son especialmente peligrosos, como las uvas, los trozos pequeños de queso o de carne, los tomates cherry, las pasas y los dulces pegajosos.

Estate preparado Averigua qué hacer en caso de que tu bebé se asfixie. Infórmate sobre algún curso de primeros auxilios en tu zona, en el ayuntamiento o en tu centro de salud.

Control manual

Coger y soltar

Tu bebé está refinando sus movimientos para coger y soltar objetos. Esto no es tarea fácil, ya que sus manos y sus dedos deben moverse con precisión para envolver un objeto. Abrir la mano para soltarlo vendrá después con más práctica.

Cómo ayudan estas actividades a tu bebé

Coger, sujetar y soltar juguetes son acciones nuevas para tu bebé. Cuando le motivas a practicarlas con muchos juegos diferentes, le estás ayudando a:

★ Abrir la mano. Abrir los dedos para soltar un juguete es una habilidad en ciernes que tu bebé necesitará cada vez más conforme sus juegos vayan siendo más complejos.

★ Unir las manos. Usar ambas manos juntas le da a tu bebé más posibilidades de coger el objeto que desea.

Además de ayudarle con su habilidad manual, también le estás ayudando a:

★ Descubrir más cosas. Ahora tu bebé puede sujetar algo sin problemas y explorarlo con la boca o acercárselo a su línea de visión para examinarlo.

★ Sentirse cada vez más satisfecho. Estará muy orgulloso de sí mismo cuando logre coger juguetes y sacudirlos para hacer ruido intencionadamente.

★ Aprender una secuencia. Tu bebé está aprendiendo que coger y soltar cosas una y otra vez son movimientos que puede coordinar con una finalidad.

1 **A tu bebé le resultará más fácil** coger juguetes lo bastante pequeños como para que quepan en su mano, pero éstos no deben caberle en la boca. Esto requiere mucha paciencia. Siéntalo con un apoyo para que no se caiga y ofrécele un juguete fácil de coger.

2 **Espera a que abra la mano** y envuelva el juguete con sus dedos. Es posible que lo haga con las dos manos para cogerlo con mayor facilidad.

3 **Deja que coja el juguete** y dale tiempo para examinarlo y explorarlo. Permítele que lo gire entre sus manos, que sienta su tamaño y su textura, y que se lo lleve a la boca si quiere.

4 **Mientras todavía sujeta el primer juguete**, ofrécele otro diferente. Su capacidad para soltar acaba de comenzar, pero cuando le ofrezcas el segundo juguete soltará el primero automáticamente.

Control manual

Pasarse objetos

Usar las manos es la piedra angular de muchas de las actividades de tu bebé. En los próximos meses pasará de juntar las manos delante de su cuerpo a averiguar cómo pasarse un objeto de una a otra.

Pásaselo Ejercita la capacidad de tu bebé de abrir la mano jugando a pasaros cosas. Establece turnos para pasaros un juguete el uno al otro mientras dices «gracias» cuando te lo deje. También puedes usar una bufanda ligera y turnaros para tirar de ella suavemente.

Cómo ayudan estas actividades a tu bebé

Cuando le ofreces un juguete a tu bebé, cuando jugáis a pasároslo o cuando le animas a pasárselo de una mano a otra, le estás ayudando a:

★ Coordinación de las manos. Tu bebé necesita que las manos colaboren: cuando una se abre, la otra tiene que cerrarse sobre el objeto.

★ Refinar sus movimientos. Gracias a la información que le proporciona cada movimiento, tu bebé intenta hacer que el siguiente sea más exacto. El control de sus manos y sus dedos requiere mucha práctica de flexionar, estirar, coger y agarrar.

Imítame Sienta a tu bebé sobre tu regazo y mueve un juguete lentamente entre tus manos mientras observa lo que estás haciendo. Anímale a copiarte diciéndole: «Ahora tú». Dale tiempo para que imite aunque sea una parte de esta acción.

De un lado a otro Cuando empiece a controlar sus movimientos dale un juguete y elógiale cuando lo coja y se lo pase de una mano a la otra. Al principio lo agarrará fuertemente, pero poco a poco lo hará con más suavidad.

DATO

En esta fase tu bebé puede usar los dedos pulgar e índice para coger y manipular objetos pequeños y grandes, y pasarse un objeto de una mano a la otra.

Habilidades comunicativas

Risas y rimas

Tu bebé está preparado para jugar a juegos más interactivos y para divertirse con palabras y acciones. Enséñale tus juegos preferidos de rimas y movimiento y disfrutad de la comunicación, de las risas y de mucho tiempo de entretenimiento juntos.

Cómo ayudan estas actividades a tu bebé

Cuando pasáis tiempo compartiendo juegos que implican palabras y acciones, estás ayudando a tu bebé a:

★ Establecer turnos. La buena comunicación se basa en hacer turnos para hablar y escuchar. Los juegos y las rimas hacen que aprender a respetar los turnos sea algo divertido.

★ Comprender el lenguaje. Las palabras y las acciones juntas enseñan el significado y el ritmo del lenguaje.

★ Espera a que pase algo. La repetición y las pausas en los juegos permiten que tu bebé sepa cuándo hay un patrón de comunicación.

★ Comparte su alegría. Cuando os divertís juntos, vuestras emociones compartidas refuerzan el fuerte vínculo que hay entre vosotros.

CONSEJO

Divertirte con tu bebé no sólo refuerza vuestro vínculo, sino que también proporciona el contexto emocional adecuado para que sus neuronas establezcan conexiones, preparando el camino para el aprendizaje.

Ojos, orejas, boca y nariz Usa rimas que nombren las partes de su cuerpo, señala la parte que estás nombrando. Tu hijo observará con entusiasmo. Deja que participe moviéndole las manos hacia las partes de su cuerpo mientras repites la rima más despacio.

¡Otra vez! A tu bebé le encantará repetir un simple juego de palabras y acciones como «Fui a la carnicería». Pasa tus dedos por su cuerpo mientras dices cada rima y observa su reacción. Disfrutará de cada paso y se anticipará a las cosquillas finales.

Reíros juntos Sorprende a tu bebé haciendo algo inesperado. Haz una mueca, sácale la lengua o escóndete y sal de repente. Repítelo con una sonrisa y levanta las cejas y tu hijo interpretará tus gestos como un juego divertido y se reirá contigo.

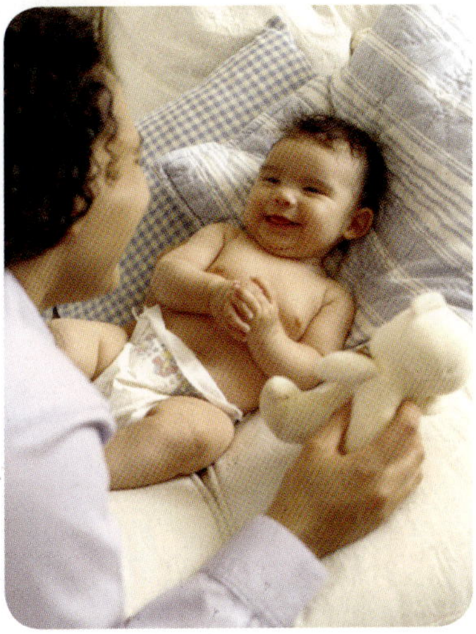

¡Qué tontería! Tu hijo quedará maravillado si haces que sus juguetes o sus peluches hablen o escenifiquen algo entre ellos. Dale una voz graciosa a cada personaje y muévelo como si estuvieses contando su historia y haz que cada acto dure sólo un minuto o dos.

Céntrate en tu bebé

Tu prioridad es darle a tu bebé el mejor comienzo de vida posible. Es posible que, como muchos padres, te preguntes si estás haciendo bien las cosas. Ten por seguro que tu hijo se desarrollará bien siempre que le dediques mucho tiempo, atención y conversación.

Centra tu atención en él Los estudios sugieren que los bebés se benefician más cuando los padres se centran completamente en ellos a la hora de jugar. Observa y comenta sus juegos con regularidad y participa en ellos en lugar de limitarte a vigilarlo mientras haces alguna otra cosa.

Mucha conversación Las habilidades comunicativas de tu bebé se desarrollarán más de prisa si le hablas siempre que puedas. Los estudios demuestran que los bebés que tienen padres más parlanchines aprenden más vocabulario que los niños con padres callados, de modo que la cantidad de conversación puede marcar una diferencia.

Tiempo contigo La gran variedad de juguetes y de sistemas educativos para bebés, como las tarjetas pedagógicas o los DVD de formación, pueden darte la sensación de que los juegos diarios y la comunicación no son suficiente. Sin embargo, algunos estudios sugieren lo contrario. Por ejemplo, se ha descubierto que los bebés que han sido expuestos a los DVD de formación utilizan menos palabras en su vocabulario que aquellos que nunca los han visto. Lo que cuenta realmente y lo que le proporciona el mejor de los comienzos es una gran variedad de juegos, conversación y estimulación con sus compañeros de juegos preferidos: su familia.

Habilidades comunicativas

Caminar y hablar

Tu bebé está interesado en todas las palabras. Está dispuesto a escuchar y cuanto más le hables más rápido te entenderá. Describe lo que ves cuando vayáis paseando. Si sigues haciéndolo pronto será todo un parlanchín también.

Cómo ayudan estas actividades a tu bebé

Cuando hablas mientras paseáis, le estás ayudando a:

★ Crear su propio vocabulario. Todavía no utiliza palabras, pero cuanto más le hables más palabras utilizará en el futuro.

★ Escuchar. El tono de tu voz, tus gestos y el contacto visual animan a tu bebé a escuchar lo que le estás diciendo.

★ Mantener su interés. Tus descripciones hacen que incluso el viaje más rutinario resulte fascinante para tu bebé.

Sigue hablando Con un carrito en el que el niño mire hacia ti puedes hablar fácilmente mientras paseáis y ver la reacción de tu bebé. Háblale sobre adónde vais y a quién vais a ver. Así sabrá qué va a hacer durante el día.

Observar la naturaleza Los colores y el movimiento en el jardín o en el parque le atraerán. Cuando se gire y balbucee fíjate en lo que está mirando, y describe lo que puede ver. Deja que toque las hojas o el tronco de un árbol mientras le hablas sobre ellos.

Habilidades comunicativas

Lenguaje corporal

El cuerpo entero de tu bebé es un instrumento de comunicación. Cuando sacude los puños y las piernas, arquea la espalda o se acurruca hacia adelante, gira la cabeza o mira atentamente, su cara y su cuerpo te indican cómo se siente.

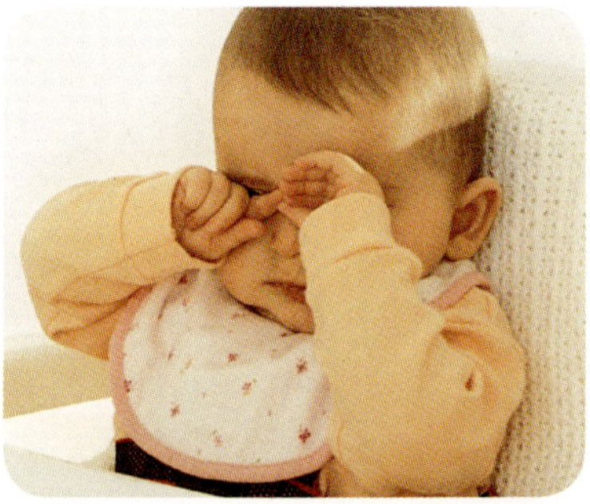

Déjame dormir Los bebés necesitan hacer hasta tres siestas al día y te dirá cuándo está cansado frotándose los ojos, tirándose de la oreja, retorciéndose en su silla o frotándose la cara. Esto, además de enviarte un mensaje, también le calma.

Ya está bien Tu bebé no sabe decir «basta» o «no», pero sabe arquear la espalda, cerrar los ojos, fruncir el ceño, llorar o ponerse rojo de rabia para transmitirte el mensaje. Actúa cuando haga estas señales para que sepa que le entiendes.

Me gusta Girarse hacia ti, abrir los ojos, dar pataditas, sacudir los brazos y sonreír o gritar de alegría son señales de que le gusta lo que está pasando y quiere que sigas haciéndolo. Corresponde a sus expresiones con las tuyas propias para mostrarle que le has entendido.

Cómo ayudan estas actividades a tu bebé

Cuando conectas con su lenguaje corporal le estás ayudando a:

★ Decirte lo que necesita. Cuanto mejor seas capaz de interpretar sus señales corporales, más rápido podrás averiguar lo que quiere y responderle.

★ Comunicar más. Cada vez que respondes a su lenguaje corporal le motivas a seguir usando estas acciones para comunicarse contigo.

★ Reforzar su mensaje. Los gestos de tu bebé continuarán siendo importantes incluso cuando empiece a utilizar palabras para expresarse.

CONSEJO

Cuando tu bebé empiece a mostrar signos de cansancio, acuéstalo para que no acabe llorando. Si no haces caso a sus señales y seguís jugando, lo más probable es que acabe demasiado cansado y empiece a lloriquear.

Habilidades comunicativas

La hora del cuento

Embelesa, entretiene y educa a tu bebé mientras le cuentas un cuento que contiene nuevas palabras, dibujos de colores e historias que se convertirán en firmes favoritas. Le estás inculcando amor por los libros y le ayudas a desarrollar su capacidad para escuchar y entender.

¿Qué es eso? Señala e identifica los dibujos del libro de tu bebé. Necesita verlo y oír el nombre de un objeto muchas veces para catalogarlo y ser capaz de decirlo en el futuro.

Cómo ayudan estas actividades a tu bebé

Cada vez que le cuentas un cuento o le muestras un libro le estás ayudando a:

★ Entender más palabras. Conforme repites sus cuentos preferidos letra por letra una y otra vez, tu bebé empieza a reconocer el sonido de cada palabra.

★ Prestar atención. Cuando le interese la historia, tu bebé empezará a practicar de manera natural su habilidad para escuchar.

★ Aprender el aspecto que tienen las palabras. Para poder descifrarlas más adelante, tu hijo necesita reconocer las formas de las letras y de las palabras. Esto le dará ventaja a la hora de aprender a leer.

La historia de la familia Los relatos no tienen por qué ser inventados. Cuando le cuentas a tu hijo la historia de tu familia, además de asimilar el lenguaje, aprende cosas sobre sus propias raíces. Muéstrale fotos y cuéntale la historia.

Habilidades comunicativas

Escuchar y aprender

La comunicación consiste tanto en escuchar como en hablar. Los ojos y los oídos de tu bebé están abiertos a aprender más. Observa tus movimientos, asimila la forma de tu boca y tu expresión, y escucha el sonido de tus palabras. Si haces lo mismo estaréis comunicándoos realmente.

Primeros sonidos Los balbuceos y los gorjeos son los primeros intentos de tu bebé de usar su voz. Escucha con atención y repítele los sonidos. Prestarle atención le anima a repetir los sonidos y, además, le enseña a respetar los turnos de comunicación.

Información extra Cuando le hables, exagera tu expresión para ayudarle a reconocer pistas extra sobre lo que estás diciendo. Arquea las cejas e inclina la cabeza para indicar una pregunta, sonríe o frunce el ceño para mostrar una emoción.

Cómo ayudan estas actividades a tu bebé

Cuando te acercas a tu bebé, le hablas claramente y le escuchas, le estás ayudando a:

★ Formar más sonidos. Tu bebé está aprendiendo observando e imitando cómo mueves la boca para emitir sonidos.

★ Expresarse. Tu respuesta le indica que sus sonidos tienen significado para ti.

★ Acostumbrarse a un ritmo. Tu bebé está aprendiendo el patrón (habla, pausa, escucha, pausa) que forma la base de la comunicación fluida.

Aprendizaje temprano Tu bebé aprende mejor cuando le hablas cara a cara, de cerca y con voz cantarina. Esta combinación de expresiones faciales, tono agudo, vocales largas y frases cortas surge de manera natural cuando uno es padre.

DATO

Hacia los seis meses notarás que tu bebé empieza a pronunciar dos sonidos juntos como «mmm-ahhh». También repetirá sílabas como «babababa».

Habilidades comunicativas

¡Pim! ¡Pam!

A tu bebé le encanta hacer ruido e intentará llamar tu atención cuando tenga entre sus manos su primer instrumento musical. A esta edad todo consiste en el simple placer de hacer ruidos y de crear ritmos simples.

Cómo ayudan estas actividades a tu bebé

Cuando hacéis música y ruido juntos le estás ayudando a:

★ Practicar patrones. El ritmo de la música y de las canciones le prepara para los ritmos del habla.

★ Esperar y escuchar. Cuando hacéis turnos para hacer ruido está teniendo una conversación musical.

★ Apreciar la música. Le estás animando a hacer y escuchar melodías por el mero placer de hacerlo.

★ Mover su cuerpo. Necesita controlar sus brazos y sus manos para hacer música.

Que no pare la música Tu bebé es capaz de reconocer un ritmo musical a los pocos días de nacer, y hacia los tres meses, quiere hacer su propia versión. Ofrécele sonajeros o una pandereta y únete a él o tamborilea un ritmo con las manos mientras él hace ruido.

Por puro placer Deja que tu bebé tenga acceso a toda la música posible. Ponle CD, cántale e intenta que se entretenga con un teclado, un xilófono o sobre una alfombra musical. Si tocas algún instrumento, hazlo para él, ¡seguro que le encanta!

Agitar y hacer música Uno de sus primeros instrumentos será su sonajero. Al principio le sorprenderá el ruido, se girará y esperará a que haga más. Después descubrirá que puede repetirlo. Le encantará continuar con esta secuencia: hacer un ruido y pararse a escuchar.

DATO

En el vientre materno, los bebés pueden distinguir sonidos a partir de las veintitrés semanas de gestación. Ponerle la música que oía durante tu embarazo le reconfortará ya que le resultará familiar y tranquilizadora.

Golpetazos A tu bebé le encanta hacer ruidos fuertes. Dale alguna cacerola y cucharas de cocina de madera y armará un buen jaleo. Únete a él una vez que haya golpeado su «tambor». Estos turnos refuerzan el patrón de comunicación entre vosotros.

Capacidad cerebral

Imitándote

Tu bebé es un imitador natural. Ha llegado dispuesto a copiar y lo hará con cualquier cosa que pueda ver, oír o experimentar. Tú serás su primer ejemplo, y también el más importante. Eres su primer profesor y copiarte es una de sus principales prioridades.

Cómo ayudan estas actividades a tu bebé

Cuando le ofreces ocasiones de imitar, le estás ayudando a:

★ Aprender de manera rápida y eficiente. Copiar es una manera excelente de aprender.

★ Desarrollar vías en su cerebro. Cada vez que imita algo está creando nuevas conexiones o reforzando las ya existentes entre sus neuronas; esto, a su vez, potencia el desarrollo cerebral.

★ Adquirir destreza. Cuando tu bebé copia y repite las cosas una y otra vez perfecciona sus habilidades.

★ Respetar turnos. El patrón de mostrar y después imitar ayuda a tu bebé a practicar la toma de turnos. Esto le vendrá bien a la hora de jugar y de comunicarse en un futuro.

Muecas Las muecas son exageraciones de tus expresiones generales que ayudan a tu bebé a imitarte. Pon la cara despacio, aguanta la expresión y espera a que te imite. Repítelo varias veces. Intenta sacar la lengua, sonreír o abrir mucho los ojos y arquear las cejas.

CONSEJO

Los espejos son unas excelentes herramientas de comunicación. Hacia los seis meses, tu bebé puede ver su reflejo en el espejo y conversar con su nuevo «amigo».

Movimientos de la boca Poner la boca de maneras diferentes y mover la lengua son habilidades importantes en su entrenamiento para el habla. Mantén su cara cerca de la tuya, atrae su atención y forma letras como la «O» con la boca para que te imite.

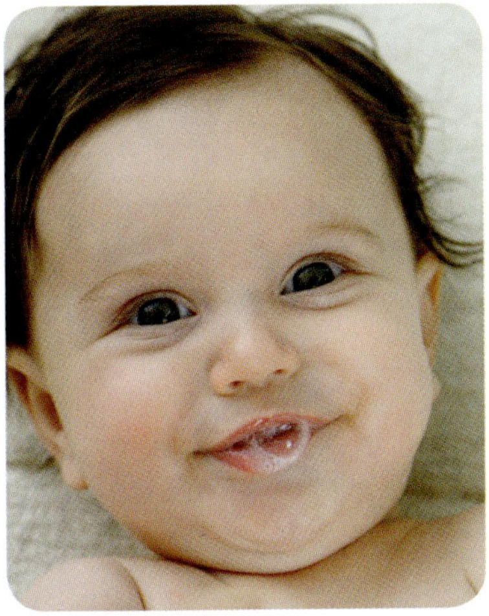

Hacer pedorretas Sobre los cuatro o los cinco meses de edad, tu bebé empezará a hacer sonidos húmedos y, a menudo, se formarán burbujas en sus labios. Haz sonidos labiales como «brr» para que te imite. Esto ayuda a la hora de hablar y a la hora de comer.

Copión Tu bebé tiene una tendencia natural a observar los rostros. Está estableciendo conexiones en su cerebro que le ayudan a reconocer expresiones y movimientos faciales. Proporciónale muchas cosas que mirar y copiar. Después imita su expresión para que sepa lo que has visto.

¡Manos arriba! Sus manos y sus dedos fascinan a tu bebé y está preparado para copiar movimientos simples. Pon tu mano delante de él y mueve los dedos o da palmadas a ver si está dispuesto a imitarte. Hazlo varias veces, le encantan las repeticiones.

Capacidad cerebral

Estimulación visual

La vista de tu bebé se está desarrollando rápidamente. Ahora puede fijarla con más precisión, y hacia los cuatro meses ve más detalles y colores. Obviamente todavía no es tan buena como la tuya, pero aprenderá mucho mirando.

Cómo ayudan estas actividades a tu bebé

Proporcionando a tu bebé una rica variedad de cosas que ver le estás ayudando a:

★ Desarrollar su cerebro. Utiliza la información de lo que ve para entender y responder a su mundo y para moverse por él.

★ Ampliar la percepción de profundidad. Necesita un escenario visual rico e interesante para desarrollar su visión en tres dimensiones.

★ Seguir un objeto en movimiento. Se necesita práctica, control muscular y que los ojos trabajen coordinados.

★ Imitar. Su manera más efectiva de aprender será observando y copiando.

Cerca y lejos Los espacios abiertos son ideales para que tu hijo trabaje la percepción de profundidad. Mientras observa cosas que están cerca o lejos, como los pájaros, las ramas y las flores, proporciona información a su cerebro que incrementa su capacidad de ver en tres dimensiones.

Captación Tu hijo absorbe información sobre los colores, las formas y los tamaños. Dale juguetes que reflejen todas estas propiedades, como cubos y pelotas de varios tamaños. Los explorará tanto con los ojos como con las manos.

Ejemplo a seguir Tu pareja y tú sois las personas más importantes de la vida de tu bebé y todo lo que hagáis le resultará interesante. Dejad que os observe mientras realizáis tareas domésticas. Sentadlo en su sillita mientras cocináis, o en una alfombra cerca de vosotros mientras tendéis la colada.

Observa cómo se mueve Ayuda a tu bebé a conseguir que sus ojos trabajen coordinados moviendo tus dedos, un juguete o una marioneta danzarina lentamente delante de su línea de visión. Cuando mejore su capacidad de seguir objetos puedes empezar a moverlos más rápido.

Viendo la vida pasar Ahora que tu bebé ha crecido, un carrito que mire hacia adelante le proporciona grandes vistas del mundo que le rodea. Mirando de frente y erguido recibe constantemente colores, movimientos y formas mientras va de paseo.

Buen punto de vista Tu bebé se sentirá relajado y será capaz de concentrarse en ver el mundo que lo rodea desde la seguridad de tus brazos o mirando hacia adelante en un canguro, mientras tú te mueves por la casa o salís a pasear.

Un cambio de escenario

Tu bebé siente una gran curiosidad por el mundo que le rodea y aprenderá algo de cada nuevo entorno que le ofrezcas.

Las vistas de todos los días Tu hijo se sentirá más cómodo explorando en casa y contigo cerca. Todas las habitaciones están repletas de cosas que puede ver y de las que puede aprender, desde juguetes y peluches a macetas, cacerolas, los dibujos de la alfombra, cuadros y espejos colgados en la pared y la vista que hay a través de la ventana.

Observando la naturaleza En el jardín o en un parque del barrio, los sentidos de tu bebé se verán estimulados por el movimiento de los árboles y de las hojas, de los perros y los pájaros, por los colores naturales y por la oportunidad de ajustar sus ojos para ver cosas, tanto cercanas como en la distancia. Los estudios realizados han demostrado que los bebés tienden a dormir mejor de noche cuanto más se expongan a la luz del sol y al aire libre. Tú también te beneficiarás de ello, ya que está demostrado que estar en un ambiente natural mejora la sensación de bienestar.

Entornos diferentes Los colores llamativos y las luces de un gran supermercado pueden sobreestimular a tu bebé, pero una visita rápida a una tienda del barrio es ideal para asimilar la vista de estantes y formas.

Capacidad cerebral

El arte de la anticipación

La memoria de tu bebé se está desarrollando y, con ella, la capacidad de predecir tu siguiente movimiento y de entusiasmarse al respecto. Su reacción te indica si quiere o si no quiere que le hagas cosquillas, que le des agua o que lo bañes: está empezando a mostrarte sus preferencias.

Cómo ayudan estas actividades a tu bebé

Repitiendo juegos y rutinas y haciendo que su vida sea predecible estás ayudando a tu bebé a:

★ Recordar. Las rutinas diarias y los juegos repetitivos permiten que tu bebé desarrolle su memoria.

★ Aprender a esperar. No aguantará mucho, pero tu bebé está descubriendo que es capaz de esperar.

★ Descubrir lo que le gusta. La mejora de su memoria le permite comparar alimentos, bebidas, juguetes y juegos.

Y también a:

★ Sentirse seguro. Ser capaz de predecir lo que viene después le proporciona a tu bebé una sensación de seguridad.

Estirar los brazos Tu bebé anticipa el placer de un abrazo y puede pedir uno. Cuando interpretes y reacciones a sus gestos, abrazándolo cuando estire los brazos u ofreciéndole un juguete que está mirando, refuerzas sus expectativas.

Entusiasmándose Su capacidad para recordar queda patente cuando ves que se entusiasma esperando algo que le gusta. Anímale. Dile: «¿Quieres esto?», y sonríe y abre mucho los ojos para enfatizar la pregunta.

¿Qué viene después? Tu bebé necesita saber qué va a pasar a continuación. Deja que sepa qué esperar diciéndole lo que va a suceder. Explícale las cosas paso por paso: «Es la hora del baño» o «Voy a darte el biberón», y repítelo cada vez.

CONSEJO

A esta edad tu bebé no será capaz de recordar durante mucho tiempo lo que le dijiste que podía o no podía hacer. Prepárate para repetírselo una y otra vez.

Esperando Cuando un juego tiene un final emocionante, como inclinaciones o cosquillas, espera unos segundos antes de realizar el último movimiento. Esto ayuda a tu bebé a experimentar el retraso y le muestra que la espera puede ser recompensada.

Creando recuerdos

Tu bebé puede reconocer tu cara, anticipar lo que va a suceder en su juego preferido, y ha aprendido que lo coges cuando estira los brazos. Es una clara progresión en el desarrollo de su memoria.

Progresión rápida La capacidad de recordar de tu bebé se desarrolla muy de prisa. Los estudios realizados sugieren que la capacidad de retener información de los bebés se multiplica por dos entre los tres y los seis meses.

Tipos de memoria Durante su primer año, tu bebé está desarrollando su memoria de trabajo, que retiene información durante unos pocos segundos, y su memoria a largo plazo, mediante la que la información se almacena y puede recuperarse más adelante. La evolución de la memoria depende del desarrollo del cerebro y hay que tener paciencia y tomárselo con calma.

Repetición y concentración Lo que puede o no puede recordar depende de dos factores importantes. La repetición es fundamental para tu bebé. Cuanto más a menudo vea, oiga o experimente algo, más probabilidades hay de que lo recuerde. El otro aspecto importante en el desarrollo de la memoria de tu hijo es su capacidad para prestar atención. Cuanto más centre su atención en algo, mejor lo retendrá en su memoria de trabajo.

Capacidad cerebral

Sí y no

Tu bebé se está preparando para entender ideas importantes, incluso los conceptos de «sí» y «no». Éste es tu primer intento de guiarle. No comprenderá realmente el concepto de «no» hasta que no tenga al menos seis meses.

Cómo ayudan estas actividades a tu bebé

Cuando dices «sí» y alientas a tu bebé a hacer algo o cuando dices «no» si le detienes, le estás ayudando a:

★ Ganar conciencia de estos conceptos clave. Relacionar palabras, gestos y acciones enseña a tu bebé el significado de «sí» y «no».

★ Empezar a entender instrucciones. Cuando acompañas la palabra «no» con una acción como, por ejemplo, apartar a tu bebé cuando se dispone a tocar algo caliente, le estás enseñando que la palabra significa que debe detenerse.

★ Conectar contigo. Tu bebé quiere complacerte y necesita saber que tiene tu aprobación. Las palabras «sí» y «no» le indican claramente lo que quieres y lo que no quieres que haga.

Sigue Tu bebé te mirará para que le animes a hacer algo, y después para solicitar tu permiso. Di «sí» cada vez que tengas la ocasión y acompáñalo asintiendo con la cabeza y sonriendo. Esta combinación refuerza el mensaje.

DATO

El balbuceo de los bebés es el mismo en todo el mundo. Sólo cuando aprenden a utilizar las palabras de un idioma determinado desechan los sonidos que no van a necesitar.

Eso no se hace. Querrás detener a tu bebé si se acerca a algún peligro y enseñarle que algunas acciones están mal. Acompaña la negativa con una clara sacudida del dedo y di «no» con un tono firme para que sepa que debe detenerse cuando escuche la palabra y vea el gesto.

Practicar el «no» Tu bebé está aprendiendo el concepto de «no» e imita tus gestos. Cuando estés leyendo o jugando con marionetas, haz una pausa cuando haya un «no» en la historia, sacude la cabeza o el dedo y frunce el ceño ligeramente para que te imite.

¿Hasta qué punto es necesaria la disciplina?

Tu bebé está aprendiendo muy de prisa y lo que más le motiva es tu aprobación.

Su comportamiento Tu bebé no necesita saber todavía que algunos de sus llantos y acciones pueden enfadarte o irritarte. En realidad no se porta mal a propósito, sólo siente una gran curiosidad por todo y muchas ganas de explorar.

Aquí y ahora Aunque le digas que «no» a tu bebé de tres a seis meses, lo más probable es que no recuerde lo que significa la siguiente vez, porque su memoria a largo plazo todavía no está lo bastante desarrollada. Por lo tanto, a esta edad las reprimendas son totalmente inútiles.

Refuerzo positivo Tu herramienta más efectiva para guiar a tu bebé es prestarle atención, elogiarle y mostrarle tu alegría cuando hace algo que te gusta o que quieres que siga haciendo. Te saldrá natural, ya que estarás encantada con sus logros cuando tome su primera comida con los dedos o empiece a balbucear o a darse la vuelta. Automáticamente le recompensarás con una gran sonrisa, un elogio y un abrazo.

Capacidad cerebral

Alimenta los sentidos de tu bebé

El mundo está plagado de ruidos, olores, sabores, texturas y cosas interesantes, y tu bebé lo pasa en grande descubriéndolo contigo. Reaviva tus propios sentidos y sé la primera persona en presenciar cómo tu bebé huele su primera flor, prueba su primer plátano o escucha una de tus piezas musicales preferidas.

Cómo ayudan estas actividades a tu bebé

Cuando le proporcionas a tu bebé una gran variedad de posibilidades de estimular sus sentidos, le estás ayudando a:

★ Alimentar su cerebro. Todos los sentidos transmiten información al cerebro, donde se asimilan para crear su conocimiento del mundo.

★ Comprender que tiene varios sentidos. Al nacer, tu bebé no puede distinguir claramente sus sentidos, tiene que esforzarse para diferenciar cuál es cuál.

★ Tolerar nuevas sensaciones. Al principio tu bebé se asustará fácilmente. Conforme sus sentidos se desarrollen empezará a tolerar, poco a poco, el ruido y la luz más intensos, y olores y sabores más fuertes.

★ Desarrollar preferencias. Conforme va descubriendo distintas sensaciones tu bebé aprenderá a distinguir cuáles le gustan y cuáles no.

CONSEJO

Ahora tu bebé puede distinguir colores como los adultos. Estimula su vista con paseos al parque o al supermercado, o pasando un par de horas en un lugar estimulante como el zoo.

La cesta del tesoro Estimula a tu bebé con una cesta llena de objetos domésticos de distintas formas y texturas. Incluye una cuchara de madera, frutas cítricas, telas, juguetes ruidosos y contenedores de plástico. Cambia los objetos regularmente para mantener su interés.

Flores fragrantes Fuera de casa hay muchas cosas con las que bombardear los sentidos de tu bebé. Sujétalo cerca de una flor fragrante y deja que la huela y la observe. Sus sentidos estarán completamente conectados y puede incluso que vea cómo cambia la escena conforme las sombras se mueven por él.

Soplando al viento Las cosas brillantes y que se mueven son las que captarán la atención de tu bebé. Cautívalo con un molinillo de viento: quedará fascinado al ver el efecto del viento en las aspas y cómo los colores se mezclan al girar.

Un premio sabroso Tu bebé se lleva a la boca todo lo que tiene a su alcance y, hacia los seis meses, empezará a comer con las manos. Inícialo con un solo sabor cada vez y dale cosas medianamente insípidas. Sus papilas gustativas necesitan tiempo para adaptarse a cada sabor nuevo.

Escucha la diferencia Tu bebé está aprendiendo a escuchar varios tonos. Ofrécele juguetes que suenen y que hagan música, y haced juntos sonidos agudos y graves. Dale tiempo para que lo escuche. Espera y haz uno nuevo. De este modo podrá considerar y comparar lo que está oyendo.

Cómo se desarrollan los sentidos

Con el tiempo los sentidos de tu bebé se vuelven más sensibles y le permiten absorber más información sobre su mundo.

Amasijo sensorial Al principio, en el cerebro de tu hijo las conexiones de los sentidos no están separadas. Esta aglomeración de sentidos se conoce como «sinestesia», y se caracteriza porque dos o más sentidos se confunden. Por ejemplo, un bebé escucha un sonido y puede verlo como un color o como una molestia visual. Todavía no está claro cuándo se separan los sentidos. Algunos expertos creen que esto tiene lugar entre los dos y los cuatro meses de edad, mientras que otros opinan que sucede más adelante.

Oído y vista Al nacer, el oído de tu bebé está más desarrollado que su vista. Hacia los seis meses se volverá hacia tu voz, incluso cuando te encuentres a cierta distancia. Mejorar su enfoque, la percepción de las sombras y de los colores, y seguir objetos en movimiento son una prioridad en sus primeros meses de vida. Hacia los ocho meses su vista se habrá desarrollado casi por completo.

Gusto Tu bebé nace con una preferencia clara por los sabores dulces sobre los salados. Esto le prepara para el sabor dulce de la leche materna. Su lengua cuenta con más papilas gustativas de las que tendrá más adelante y es sensible a los sabores fuertes.

Olfato Se desarrolla rápidamente. Reconoce el olor de tu leche entre las de otras madres a los pocos días de nacer.

Tacto Tu bebé explora mediante el tacto desde sus primeros días. Este sentido se desarrolla una vez que sus reflejos desaparecen, hacia los tres meses de edad.

2

De los 7 a los 9 meses

TU BEBÉ EN MOVIMIENTO

El aumento de la coordinación de tu bebé y una mayor comprensión de su entorno indican que está empezando a controlar sus actividades. Su mundo de juegos se amplía conforme empieza a comprender algunos conceptos clave.

TU BEBÉ SOCIAL

Su conciencia de sí mismo está creciendo y esto le lleva a darse cuenta de que tú y él sois personas independientes (¡si no puede verte significa que no estás ahí!). Por mucho que le cuides y por mucha confianza que le des, hacia los ocho meses empezará a experimentar ansiedad por la separación: te mostrará muy claramente lo infeliz que se siente cuando lo dejas solo, aunque sea por un momento, pero se calmará rápidamente cuando regreses. Esto puede resultar angustioso para ambos, pero es una etapa normal del desarrollo social y puede durar hasta que tu hijo tenga unos tres años de edad.

Durante los próximos meses, tu bebé descubrirá una compleja variedad de emociones, desde la alegría y el amor a la ira y la frustración. También es posible que empiece a mostrar mayor interés por otros bebés y que intente relacionarse con ellos golpeándoles, tocándoles o balbuceándoles. Sin embargo, todavía queda mucho para que juegue con ellos de manera interactiva.

EN MOVIMIENTO

Mientras la fuerza y el control muscular de tu bebé continúan desarrollándose, él se enfrenta al desafío de coordinar distintas partes de su cuerpo para poder realizar movimientos complejos. El siguiente logro de su movilidad será gatear. Puede que no parezca muy complicado, pero, si te fijas bien, tu bebé tiene que realizar varias tareas a la vez para lograrlo: mantenerse sobre sus manos y sus rodillas al mismo tiempo que mueve un brazo y una pierna contrarios alternándolos para lograr ese movimiento hacia adelante. Cuando se sienta seguro gateando, puede que empiece a agarrarse a los muebles para ponerse de pie: una experiencia totalmente nueva para él.

CONTROL MANUAL

El control motor de tu bebé continúa mejorando y es un paso importante para el dominio de su entorno. Controlar los músculos de sus manos y coordinar movimientos para alcanzar algo que puede ver le proporciona la técnica que necesita para alcanzar, coger y manipular objetos pequeños. Desarrolla estas técnicas una vez que logra coordinar el resto de su cuerpo. El aumento de control sobre sus músculos más grandes le ayuda a crear una base estable desde la que puede controlar movimientos más pequeños de sus brazos y sus manos para alcanzar y agarrar objetos. La capacidad de sentarse de manera segura, entre los seis y los siete meses de edad, le proporciona esta base firme y le permite dirigir sus manos.

De los seis a los nueve meses perfeccionará su capacidad de pasarse juguetes de una mano a otra. También alcanzará objetos que puede ver sin mirarse las manos para asegurarse de que están bien encaminadas para cogerlos.

Haciéndose más fuerte A tu bebé le gustará que lo cojas mientras practica movimientos nuevos y que resultan un desafío mayor.

Soy listo Dominar la coordinación necesaria para unir las manos y dar palmas colmará de satisfacción a tu bebé.

Sujetar cosas Tu bebé tiene el suficiente control muscular en las manos y en los dedos como para sujetar un libro mientras mira los dibujos.

Gateando Entre los seis y los doce meses, la mayoría de los bebés aprenden a gatear, aunque algunos se mueven de otro modo, como arrastrando el culito, y se saltan esta etapa. Gatee o no, las actividades en el suelo son importantes para hacer que tu pequeño se mueva.

HABILIDADES COMUNICATIVAS

Entre los siete y los nueve meses de edad, tu bebé empezará a copiar tus sonidos. Su capacidad de comprensión también está mejorando y, más o menos al mismo tiempo, empezará a entenderte cuando digas «adiós» o «no». Cuanto más te comuniques con tu bebé mediante el tacto, la vista, los gestos, cantando o hablando, mejor se desarrollará su lenguaje. No sientas vergüenza por ir comentándole simultáneamente todo lo que vea ni de cantarle y hablarle durante el día. No temas, le encantarán tus rimas y tus nanas, desafines o no.

Además de su comunicación oral, tu hijo está aprendiendo a emplear gestos para indicarte lo que quiere decir. Estos movimientos, que empiezan a aparecer sobre los seis meses, cuando es capaz de controlar mejor sus brazos y sus manos, te proporcionan información adicional para ayudarte a entender lo que quiere. Por ejemplo, te mostrará que quiere que lo cojas estirando los brazos y, hacia los nueve meses, dará palmas cuando esté contento y empezará a señalar, un gesto que aumenta de manera significativa su capacidad de comunicarse contigo.

CAPACIDAD CEREBRAL

Su comprensión del concepto de causa y efecto continuará aumentando durante este período y aparecerá frecuentemente en sus juegos. Más o menos al mismo tiempo empezará a entender que las cosas siguen existiendo aunque no pueda verlas. Este importante desarrollo cognitivo se conoce como la permanencia de los objetos y es fundamental para que tu hijo entienda cómo funciona el mundo. Notarás que se encuentra en esta fase cuando juegues a esconderte (por ejemplo, detrás del sofá diciendo «cucú» al aparecer) o cuando le veas buscando un juguete escondido sabiendo que está en alguna parte.

Compartiendo experiencias Hablar de todo lo que veis mejora tu comunicación con tu bebé.

Tu bebé social

Dar seguridad a tu bebé

De repente tu bebé no quiere que te alejes de su vista: éste es el comienzo de la ansiedad por separación. Ahora es más consciente de las cosas y no sabe cuándo volverás. Esta etapa comienza sobre los ocho meses de edad y puede durar hasta los tres años.

Cómo ayudan estas actividades a tu bebé

Cuando te esfuerzas por hacer que la separación le resulte lo menos angustiosa posible, le estás ayudando a:

★ Padecer menos estrés. Si tu bebé se queda con un familiar o con alguien con quien se sienta seguro se angustiará menos.

★ Aprender a tranquilizarse. Al usar juguetes y mantitas que le reconforten, tu bebé aprende que puede calmarse a sí mismo.

★ Desarrollar su confianza. Si empiezas con separaciones cortas, tu bebé empezará a darse cuenta de que siempre vuelves.

★ Reducir su ansiedad. Asegúrate de despedirte siempre cariñosamente o tu hijo vivirá con el miedo de que puedas marcharte en cualquier momento.

No te vayas Estar lejos de ti le resulta angustioso. Empieza con separaciones cortas de cinco o diez minutos para darle la seguridad de que siempre vuelves. Déjalo sólo con gente en la que confíes para que se sienta seguro.

Presentaciones Deja siempre a tu bebé al cuidado de alguien a quien conozca. Preséntale a los canguros o los cuidadores antes de dejarlo con ellos y deja que observe a la nueva persona mientras está acurrucado en tus brazos antes de pasárselo para que se den su primer abrazo.

Mantita reconfortante Es posible que cuando no estés, tu bebé quiera tocar y chupar un juguete concreto o algo que huela a ti, como una prenda tuya. Verlo, sentirlo y olerlo le tranquilizará.

Bienvenida Celébralo cada vez que vuelvas a encontrarte con tu bebé. Salúdalo dándole abrazos, caricias, mirándole a los ojos y con una amplia sonrisa antes de preguntarle al canguro o al cuidador cómo ha ido.

CONSEJO

Tu bebé llevará mejor la separación si tiene un juguete o una mantita que le recuerde a ti. Sentirse unido a un objeto que le reconforte puede ayudar cuando tengas que separarte de él durante varias horas.

Tu bebé social

Se vuelve autoritario

Ahora tu bebé ha desarrollado mucha personalidad. Está empezando a expresar sus emociones de una forma más evidente, indicando lo que le gusta y lo que no le gusta y mostrando lo decidido que está a aprender. Disfruta de esta nueva fase y descubre su personalidad conforme va revelándola.

Expresándose Un torrente repentino de emociones hace que tu bebé empiece a gritar y a dar patadas y a llorar. Ayúdale manteniéndote tranquila. Nombra el sentimiento que está experimentando y proporciónale seguridad a través del tacto.

Cómo ayudan estas actividades a tu bebé

Cuando dejas que tu bebé se exprese y muestre su personalidad, le estás ayudando a:

★ Desarrollar su personalidad. Le encantará que aceptes su personalidad y sus preferencias.

★ Controlar las emociones fuertes. Tu presencia tranquilizadora, tus palabras de consuelo y tus caricias ayudan a tu bebé a soportar las emociones intensas.

★ Seguir intentándolo. Animándole y distrayéndole le ayudas a sobrellevar la frustración de aprender algo nuevo.

No hagas eso Mientras pone a prueba nuevos comportamientos, a veces necesita que le digas que «no». Pronuncia la palabra con firmeza y con paciencia mientras le detienes, acaba de empezar a aprender dónde están los límites.

Tu bebé social

Timidez con los extraños

Tu bebé, que antes sonreía a todo el mundo, ahora se ha vuelto tímido. Esto forma parte de la ansiedad por la separación y no significa que vaya a ser siempre así. Preséntale poco a poco a personas y llévale a lugares nuevos: necesitará tu ayuda para volverse sociable.

Cómo ayudan estas actividades a tu bebé

Presentándole poco a poco a alguien nuevo y sintonizando con su reacción le estás ayudando a:

★ Ser capaz de enfrentarse a situaciones nuevas. Saber que estás ahí y que esperarás a que esté preparado le da confianza para ser sociable.

★ Practicar sus habilidades sociales. Una vez que se sienta cómodo, volverá a ofrecerte su sonrisa amistosa y sus balbuceos.

★ Crear su red social. Que tú seas social ayuda a tu bebé a socializarse. Eres su modelo a seguir y tu confianza se le contagiará.

★ Utilizarte como su base segura. Es capaz de pasar tiempo con otros niños porque sabe que siempre puede volver a tu lado.

Abrázalo En cualquier situación nueva, tu bebé necesita que le des seguridad y se apretará contra ti para hallar todo el consuelo posible. Responde abrazándolo. Cuando empiece a relajarse puede que se atreva a echar un vistazo a su alrededor.

DATO
A esta edad, tu hijo siente interés por otros bebés. No quiere jugar, pero sí tocarlos, sonreír y balbucear. Está demasiado ocupado desarrollando sus propias habilidades como para preocuparse por hacer un amiguito.

Sin prisa Deja que se tome su tiempo para conocer a alguien. Empezará mirándolo, y luego puede que sonría, balbucee o arrulle cuando se sienta más cómodo. A veces serán necesarias varias visitas para que se relaje con alguien nuevo.

Despacio se llega lejos Tu hijo estará más dispuesto a conocer gente nueva cuando se acerquen a él poco a poco. Utiliza un tono de voz suave y no lo atosigues. Observa su reacción para saber cuándo ha tenido suficiente.

Ganando confianza Cuanto más sociable seas tú, más practica tu bebé el estar con otras personas. Pasar tiempo con otros padres con hijos, ver a los amigos, la natación o los masajes le ayudan a socializarse.

En movimiento

Sentado cómodamente

Tu bebé ya es lo bastante fuerte como para mantenerse bien sentado. Esto significa que tiene la estabilidad y la fuerza para perfeccionar movimientos grandes y pequeños. Comparte su triunfo mientras pone a prueba su equilibrio al intentar coger un juguete o tocarte.

Cómo ayudan estas actividades a tu bebé

Cuando lo mantienes entretenido mientras está sentado sin apoyo, le estás ayudando a:

★ Volverse más fuerte. Puede que no veas mucho movimiento, pero los músculos de sus piernas y de su tronco están esforzándose para mantener el cuerpo en equilibrio.

★ Coordinar su cuerpo. Para sentarse y jugar sin tambalearse, tu bebé debe coordinar todos los grupos musculares de su cuerpo.

★ Estirarse con confianza. Ser capaz de estar sentado sin caerse permite a tu bebé hacer ahora muchas más cosas con los brazos y las manos.

Siéntate en el suelo con tu bebé y rodéalo de juguetes que pueda explorar. Intenta sostenerlos en alto para que tenga que estirarse hacia arriba y hacia los lados para cogerlos. Está trabajando su equilibrio y volviéndose más estable en el proceso.

Cógelo Cuando tu bebé se mantenga sentado será capaz de mantenerse quieto y concentrado en lo que tiene en sus manos. Dale libros, juguetes y cubos para coger y explorar. Deja un juguete delante o a su lado para animarlo a alcanzarlo.

En movimiento

Levantarse

Una cosa es levantarse, y otra volver a sentarse. El orgullo que pueda sentir tu bebé al levantarse se desvanecerá al caer de golpe, incapaz todavía de controlar su cuerpo. No te preocupes, con tu ayuda pronto logrará sentarse también.

Levantarse Anima a tu bebé a mantenerse de pie cogido a la barandilla de su cuna, a tus rodillas o al borde del sofá o de la mesita. Motívalo colocando juguetes que sólo pueda coger si se levanta.

Échale una mano Para tu bebé es mucho más fácil levantarse que guiar su cuerpo de nuevo abajo. Estabilízalo sujetándolo de ambas manos para que pueda doblar las rodillas y agacharse mientras se sienta.

Caer en blando Tu bebé realizará muchos intentos fallidos de levantarse, así que coloca almohadones o una alfombra mullida para que no se haga daño. Evita que practique cerca de lugares peligros.

Poco a poco Cogiendo a tu bebé de la cintura mientras se sienta mantienes su cuerpo erguido. Le estás mostrando cuál es la posición corporal correcta para sentarse, y esto le ayudará a hacerlo solo.

Cómo ayudan estas actividades a tu bebé

Cuando le das a tu bebé oportunidades para practicar cómo ponerse de pie y sentarse, le estás ayudando a:

★ Aprender a agacharse. La fuerza y la coordinación necesarias para realizar este movimiento requieren mucha práctica.

★ Caer de manera segura. Tu bebé se levantará más seguro si sabe que la caída no será tan dura.

★ Levantarse con confianza. Unas piernas más fuertes y un mayor equilibrio hacen que tu bebé se mantenga más firme cuando está de pie.

DATO

Cuando tu bebé mejore la capacidad de utilizar los muebles para sostenerse puede empezar a desplazarse alrededor de ellos. En pocas semanas será capaz de soltarse y mantenerse en pie durante unos segundos.

En movimiento

Estimulando la movilidad

Ya sea dándose la vuelta, arrastrándose o empezando a gatear, tu bebé está ya en movimiento. Te sorprenderá lo rápido que lo hace. Comprueba de nuevo la seguridad y no le quites los ojos de encima: ahora llega a todas partes.

Cómo ayudan estas actividades a tu bebé

Cuando le proporcionas muchas cosas que explorar y espacio por el que moverse, le estás ayudando a:

★ Pasar de arrastrarse a gatear. Cada etapa de la movilidad, desde girar a apoyarse sobre las manos y las rodillas, acerca a tu bebé al gateo.

★ Coordinar sus piernas y sus brazos. Para gatear de manera efectiva debe mover el brazo y la pierna contrarios al mismo tiempo. Deja que juegue en el suelo, es el mejor lugar para practicar.

★ Moverse de un modo u otro. Puede que tu bebé no llegue ni a gatear ni a arrastrar el trasero. Algunos niños se saltan esta etapa y empiezan a caminar sin llegar a gatear.

Interés por todo Una vez que tu bebé pueda pasar de estar sentado a desplazarse sobre sus manos y sus rodillas, está perfectamente posicionado para gatear y se verá motivado a explorar. Deja cuencos, tazas y cucharas de plástico en un armario bajo para que juegue con ellos. También puedes dejar una cesta con juguetes blandos.

Tiempo en el suelo Realiza actividades en el suelo para que tu bebé se mueva. Así podrá balancearse sobre sus rodillas, arrastrarse o gatear. Los juguetes sorpresa, las mantitas con sonidos, luces y cosas que agarrar, los centros de actividades y los coches de juguete le atraerán tremendamente.

Carrera de obstáculos Pon a prueba la nueva movilidad de tu bebé proporcionándole un «nido» al que trepar o almohadones en el suelo a los que subirse y por los que escurrirse. También puedes colocar una sábana sobre una mesa para crear un túnel y que lo atraviese gateando.

Arrastrarse con el trasero No todos los bebés gatean. Algunos utilizan el trasero para desplazarse. Si tu bebé es de los que arrastran el culito, es posible que empiece a caminar más tarde, pero no tienes por qué preocuparte. Sigue animándole y acabará consiguiéndolo.

DATO

Probablemente entre los siete y los nueve meses tu bebé empezará a gatear o a arrastrar el trasero. Puede que se levante ayudándose de los muebles o de la barandilla del parque, o puede que lo haga sin ayuda.

Moveos juntos Ponte en el suelo con tu hijo y gatea con él. Tu bebé tratará de imitarte, y tú verás la casa desde su punto de vista y descubrirás el desafío que puede suponer esta manera de desplazarse.

Hitos de movilidad

Cada bebé se desarrolla a su propio ritmo. Algunos logran hitos importantes antes de lo esperado, mientras que otros se toman su tiempo.

¿Qué es normal? La mayoría de los padres se preguntan en un momento dado: «¿Se está desarrollando mi bebé con normalidad?». Sin embargo, no existe una respuesta directa, y es importante ser consciente de que los hitos del desarrollo son sólo una guía respecto al momento en el que la mayoría de los bebés alcanzan una etapa. Por ejemplo, la mitad de los niños empiezan a caminar al año, pero los profesionales de la salud sólo se preocuparían si tu bebé todavía no camina a los dieciocho meses.

Deseo de moverse Algunos bebés pueden lograr hitos en un orden diferente al resto, o saltarse una etapa completamente. En lo que respecta a la movilidad, mientras que tu hijo muestre interés en alcanzar juguetes y, en definitiva, en moverse, no importa cuándo los alcance. Si prefiere moverse arrastrando el trasero y no muestra ningún interés en gatear, significa que ha encontrado su propia manera de desplazarse y se está desarrollando bien.

Buscar consejo Si estás preocupada, consulta con tus padres y con los padres de tu pareja a qué edad empezaron a caminar los miembros de vuestra familia. O consulta en las revisiones pediátricas de tu bebé. Si todavía no ha alcanzado ciertos hitos o muestra dificultad en algunas áreas, pide cita en el pediatra para comentárselo. Lo más probable es que salgas de la consulta más tranquila, pero si realmente existe un problema, cuanto antes lo sepas mejor, ya que cuando antes intervengas mejores resultados conseguirás.

En movimiento

Dar palmas

Tu bebé está dominando el complicado movimiento de dar palmas. Sus brazos y sus manos están coordinados: puede abrir y estirar las palmas y efectuar movimientos rápidos y suaves conocidos como palmas.

Cómo ayudan estas actividades a tu bebé

Cuando juegas a juegos y rimas que implican dar palmas, le estás ayudando a:

★ Refinar sus movimientos. Dar palmas implica un conjunto rápido y complejo de movimientos y requiere práctica para coordinarlos todos.

★ Seguir un ritmo. Calcular el momento correcto de los movimientos es fundamental para dar palmas. Moverse siguiendo una rima o un ritmo ayuda.

★ Coordinar la vista y las manos. La precisión de los movimientos de tu bebé depende de su capacidad para relacionarlos con lo que está viendo.

Las manos juntas Enseña a tu bebé de manera activa el complicado conjunto de movimientos de los brazos y de las manos necesarios para dar palmas. Hazlo tú primero y después coge sus bracitos y júntaselos. Mientras lo haces, recita una rima o una canción que acompañe a las palmas.

Las manos por delante Practica las palmas más rápidas pasándole a tu bebé un pompón o una pelota blandita para que tenga que juntar las manos por delante de su cuerpo para atraparlos.

Palmas, palmitas Hacia los nueve meses puede que tu bebé sea capaz de dar palmas al ritmo de canciones como «Palmas, palmitas». Cántala despacio y enséñale si tiene dificultades. Así mejorará estos movimientos repetitivos.

Palmas de alegría Las palmas grandes y abundantes reflejan cómo se siente tu bebé. Canta una canción o jugad con una rima y da palmas al terminar para demostrarle que estás contenta. Tu hijo te verá y disfrutará del movimiento al mismo tiempo que entiende que las palmas pueden tener un significado.

Control manual

Sujetar y explorar

Tu bebé cada vez tiene más control sobre sus muñecas, sus manos y sus dedos. Puede coger objetos con el índice y el pulgar, girarlos hacia arriba, hacia abajo y hacia los lados, y pasárselos de una mano a otra mientras analiza su forma y su tamaño.

Cómo ayudan estas actividades a tu bebé

Cuando le ofreces juguetes para que ejercite sus manos y sus dedos, le estás ayudando a:

★ Juntar el pulgar y el índice. Este agarre en «pinza» es una habilidad valiosa, ya que permite a tu bebé coger objetos pequeños.

★ Coordinar los movimientos de la muñeca y la mano. Al ser capaz de rotar la muñeca, tu bebé puede girar los objetos que tiene en la mano y analizar su forma, tamaño y textura en profundidad.

★ Dar y recibir. Tu bebé todavía está aprendiendo a soltar las cosas y practica esta técnica cada vez que se pasa un objeto de una mano a otra.

Pasar la página Tu bebé está empezando a juntar el índice y el pulgar para pasar las páginas de sus libros. Para practicar, los más fáciles son los de pocas páginas gruesas y duras, y los de plástico para el baño.

Girar objetos Ahora que utiliza la muñeca, la mano y los dedos para agarrar y girar cosas, tu bebé puede girar un volante para bebés o jugar en un centro de actividades con botones y piezas. También querrá practicar con objetos reales, como los pomos de las puertas.

De mano a mano Tu bebé ha dominado el arte de abrir y de cerrar las manos para pasarse objetos de una a otra. Empieza pasándole un juguete fácil de sujetar. Después pídele que se lo pase de mano a mano. Pronto aprenderá a hacerlo solo.

Mételo dentro Usar los dedos como pinzas y la coordinación óculo-manual mientras juega con juguetes de encajar las piezas, libros de pegatinas, o mientras te ayuda a meter una carta en el buzón, proporciona a tu bebé una gran emoción al ver cómo las cosas desaparecen de su vista.

CONSEJO

El control de la motricidad fina de tu bebé está mejorando. Además de sujetar, pasarse de una mano a otra, explorar y soltar juguetes, también puede tener el control manual para sujetar una taza de dos asas.

Control manual

Comer y ensuciar

¡Qué desastre! Tu bebé está aprendiendo a llevarse la comida a la boca, pero la mitad de las veces no acertará. Tiene mucho que aprender: entre agarrar y levantar la comida y después cerrar los labios alrededor de ella necesita coordinación y puntería. Prepárate para limpiar cada vez que coma.

Puedo comer solo Ofrece a tu bebé alimentos que pueda coger con los dedos. Le encantará cogerlos y llevárselos a la boca. No lo atosigues. Ponle sólo un alimento en la bandeja de su sillita para que lo mire, lo toque y lo coja.

Cómo ayudan estas actividades a tu bebé

Cuando le ofreces alimentos que pueda comer con las manos o una cuchara que pueda coger, le estás ayudando a:

★ Coger y agarrar. Así tu bebé practica la posición de la palma y la de pinza de los dedos.

★ Apuntar de manera acertada. Lleva meses llevándose cosas a la boca, pero ahora tu bebé está dirigiendo sus movimientos con más puntería.

★ Recibir información. Tu bebé todavía no controla si está agarrando las cosas con mucha o poca fuerza, pero la información que le proporcionan su palma y sus dedos al cerebro le ayuda a ajustar la fuerza para coger las cosas conforme van pasando los meses.

Jugar con la comida Tu bebé todavía está calculando la fuerza que necesita para agarrar las cosas, de modo que es inevitable que alguna comida acabe aplastada en su mano. No te preocupes.

Habilidades comunicativas

Las primeras conversaciones

Tu bebé está utilizando un conjunto cada vez más amplio de sonidos para comunicarse. Como siempre, aprende observándote, escuchándote e imitándote. Proporciónale una gran variedad de sonidos y de expresiones, y empezará a copiarlos.

Cómo ayudan estas actividades a tu bebé

Cuando mantienes «conversaciones» con tu bebé y respondes a sus sonidos, le estás ayudando a:

★ Desarrollar el lenguaje. Copiar sonidos es una herramienta estupenda de aprendizaje.

★ Usar los labios y la lengua para emitir sonidos. Al imitarte, tu bebé intenta copiar la forma de tu boca y la posición de la lengua que forma los distintos sonidos.

★ Practicar las expresiones faciales. Mucha información se transmite de manera no verbal, mediante las expresiones y el lenguaje corporal. Tu bebé necesita aprenderlos también para reforzar sus habilidades comunicativas.

Hablar y responder Mantén una conversación con tu bebé. Siéntate cerca, cara a cara con él y pronuncia un sonido o una palabra. Después espera a que balbucee o pronuncie algún sonido en respuesta. Sigue hablando y escuchando para que practique, forme sonidos y aprenda a respetar los turnos del diálogo.

Repetir sonidos Juega a un juego de imitar con tu bebé. Míralo a la cara y di «ba» o emite un sonido como «brrr». Repítelo varias veces. Cuando él balbucee, repite lo que haya «dicho» o muéstrale el entusiasmo que sientes al oírle hablar.

Mírame a la cara Además de los sonidos, tu bebé está aprendiendo las expresiones faciales. Mientras le lees un cuento o le hablas, asegúrate de que puede ver tus expresiones. Si ves que imita cómo levantas las cejas, frunces el ceño o sonríes, asiente para animarle a seguir haciéndolo.

DATO

Entre los siete y los ocho meses de edad, tu bebé no sólo es capaz de mantener conversaciones contigo, sino que también puede sentir empatía y, por ejemplo, llorar al verte llorar.

Habilidades comunicativas

Aprendiendo palabras

Tu bebé escucha cada palabra que dices, y su cerebro trabaja a toda velocidad para entender y recordar las palabras. Aunque te sientas ridículo, tus comentarios simultáneos sobre todo lo que vais viendo ayudan mucho al desarrollo de su lenguaje.

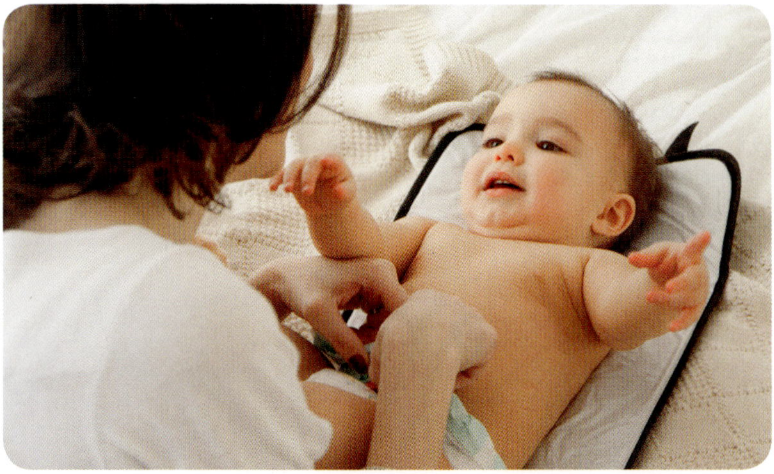

Lenguaje para bebés Cuando le hables a tu hijo hazlo con una voz cantarina exagerada, con frases cortas y con muchas repeticiones. Se trata del lenguaje parental o del lenguaje adaptado infantil, y los estudios han demostrado que hace que el niño preste atención y aprenda el lenguaje más de prisa.

Cómo ayudan estas actividades a tu bebé

Cuando aprovechas la menor oportunidad para hablarle, describirle cosas y leerle, estás ayudando a tu bebé a:

★ Construir su vocabulario. Cuantas más palabras oiga, especialmente las que repitas más a menudo, más aprenderá.

★ Comprender el lenguaje. Gracias a tus descripciones, tu bebé está aprendiendo el significado de las palabras, además de cómo emitir sonidos.

★ Saber qué hacer. Tu bebé está a punto de ser capaz de seguir una instrucción simple de dos palabras como «da palmitas».

★ Aprender las normas de comunicación. Está escuchando cómo funcionan las frases y los tonos.

Nombra las cosas Enséñale a tu bebé palabras reales mientras vas nombrando lo que veis en lugar de formas abreviadas o nombres inventados. Por ejemplo, di «biberón» en lugar de «bibe» y di «perro» en lugar de «guau-guau».

Comentarios simultáneos Nunca te quedarás sin saber qué decir si te dedicas a describir todo lo que ves. Comenta lo que hace tu bebé en cada actividad, el color y la forma de los juguetes y los sonidos que oís.

Habilidades comunicativas

Señalando

Tu bebé está aprendiendo que señalar con el dedo índice es una poderosa herramienta de comunicación. Hacia los nueve meses empieza a señalar y a emitir sonidos para captar tu atención y decirte lo que quiere.

Cómo ayudan estas actividades a tu bebé

Cuando le enseñas a señalar y después reaccionas cuando lo hace, le estás ayudando a:

★ Entender el valor de los gestos. Tu hijo está aprendiendo que señalar es un movimiento que tiene un significado.

★ Comunicarse sin hablar. Los gestos como señalar permiten a tu bebé comunicar pensamientos como «mira ahí», «cógelo» y «ponlo ahí» antes de poder decirlo con palabras.

★ Relacionar palabras y gestos. Cuando hablas y haces gestos a la vez, tu bebé aprende que las palabras y las acciones se complementan.

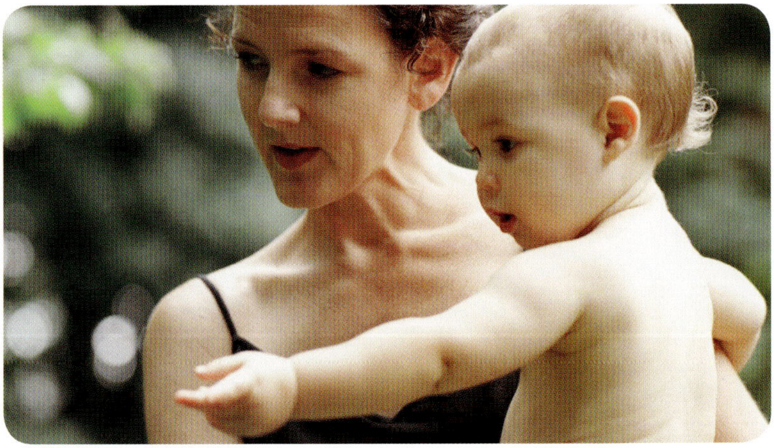

Ahí está Tu bebé está aprendiendo que puede dirigir tu atención hacia un objeto cuando señala. Prémiale mirando hacia donde esté señalando y describiendo lo que ha indicado. Señálalo también o tócalo para animarle a seguir utilizando este gesto.

CONSEJO

Señalar lo que quiere es una habilidad excelente previa al habla. Sigue el dedo de tu bebé y muéstrale que le entiendes con frases como: «¿Quieres el osito?» o «¿Quieres otro bloque?».

1 **Hacia los nueve meses de edad**, tu bebé empezará a señalar y le encantará ver tu reacción ante este gesto. Cuando señale, pregúntale: «¿Lo quieres?». Imítale y señala el objeto tú mismo mientras dices estas palabras.

2 **Una vez que le hayas animado a hacerlo** con elogios, sonrisas y mirando lo que señala, responde dándole el objeto para ayudarle a relacionar su gesto y lo que significa. De este modo señalará para decirte «dame esto» sobre los quince meses.

Habilidades comunicativas

Moverse al ritmo de la música

Añade música y movimiento a las palabras y tu bebé aprenderá el ritmo y el patrón del habla al mismo tiempo que aprende el vocabulario. Enséñale canciones y rimas de tu propia infancia, además de algunas nuevas.

Rimas y canciones de acción El ritmo de una canción como el de «Vamos a remar en un botecito» ayuda a tu bebé a aprender. Acompaña las palabras de acciones. Mientras lo meces hacia adelante y hacia atrás las palabras se verán reforzadas por un movimiento que le ayudará a recordarlas.

Baila conmigo Al igual que las palabras, la música y las canciones tienen un ritmo. Ayuda a tu bebé a experimentarlo guiando sus movimientos. Sujétalo bien entre tus brazos y balancéalo, mécelo y haz que gire ligeramente al ritmo de la música.

Hora de la canción Las canciones preferidas de tu hijo le ayudan a formar su vocabulario. Cuando cantas canciones como «A mi burro, a mi burro», las mismas palabras se repiten y producen generalidad, mientras que cada frase le ayuda con la estructura del lenguaje.

Cómo ayudan estas actividades a tu bebé

Al añadir música, canciones y bailes a vuestros juegos, estás ayudando a tu bebé a:

★ Aprender por medio de la repetición. Sus versos y canciones preferidos repetidos muchas veces favorecerán la adquisición de vocabulario.

★ Descubrir el ritmo de la música y del lenguaje. Las frases habladas aumentan y disminuyen de tono y de ritmo al igual que la música. Oír una le ayuda a aprender sobre las demás.

★ Divertirse con palabras y movimiento. Las rimas elementales, las acciones simples y los movimientos graciosos del baile harán que aprenda el lenguaje mientras se divierte.

CONSEJO

Si conoces pocas canciones y rimas de acción, invierte en un DVD que te dé ideas. No son demasiado caros y te proporcionarán años de diversión para tu bebé.

Habilidades comunicativas

Gestos y señales

Tu bebé comunica sus emociones y su motivación con expresiones y señales cada vez más claras. Tu reto consiste en interpretar sus gestos y miradas, y responder a ellos para demostrarle que le entiendes.

Cómo ayudan estas actividades a tu bebé

Cuando interpretas y respondes a sus gestos y señales, le estás ayudando a:

★ Expresarse. La cara y el cuerpo de tu bebé transmiten un mensaje muy claro cuando sus gestos se van volviendo más complejos.

★ Desarrollar sus técnicas de comunicación. Los gestos y el lenguaje corporal añaden significado a las palabras habladas. Continuará utilizando estas señales mientras esté desarrollando el lenguaje.

★ Indicarte cómo se siente. Cuando pones un nombre a sus emociones, ayudas a tu bebé a etiquetar las distintas sensaciones.

Quiero decirte algo Tu bebé te hará saber cómo se siente mediante el lenguaje corporal. Girar la cabeza, arrugar la nariz y fruncir los labios puede indicar enfado, incertidumbre o frustración.

DATO

Cada bebé expresa sus emociones a su manera. Estar alrededor de ellos se vuelve todavía más divertido conforme empiezan a experimentar emociones más complejas.

Los gestos Ya le estás transmitiendo tus gestos porque te ve hacerlos muy a menudo. Acompaña una señal con una acción y pronto entenderá el significado. Frótate el estómago mientras le ofreces comida, por ejemplo.

¿Varios significados? Los gestos tienen un significado dependiendo de qué otras señales haga tu hijo. Por ejemplo, si te sonríe mientras tira un juguete te está indicando que se trata de un juego, pero si frunce el ceño o llora te está diciendo «No quiero esto».

Lenguaje de signos para bebés

El lenguaje de signos para bebés consiste en utilizar gestos de la mano que representan una palabra o una idea y puede enseñarse a partir de los seis meses de edad.

¿Por qué utilizarlo? Las personas que practican el lenguaje de signos para bebés aseguran que permite que el niño se exprese antes y, por lo tanto, evita que se sienta frustrado.

Qué tener en cuenta Existe un debate abierto sobre el valor del lenguaje de signos. Muchos terapeutas aseguran que el uso frecuente de los gestos naturales y dedicar mucho tiempo a interactuar de manera adecuada es lo mejor para el desarrollo del habla y del lenguaje. Si también se desea utilizar el lenguaje de signos para bebés puede incluirse como extra al aprendizaje, siempre que se evite que tenga prioridad sobre los gestos normales, el tacto, el habla y las canciones. Si tu bebé tarda en aprender a hablar, tal vez a causa de problemas de oído, el lenguaje de signos podría ser un elemento muy útil, pero asegúrate siempre de consultar antes con un experto.

Tengo sed Aprender signos como el de la «leche» es una manera de que tu bebé comunique sus necesidades.

Capacidad cerebral

Causa y efecto

Tu bebé quedará encantado cuando descubra que su acción hace que algo se encienda, haga ruido o se caiga, y querrá intentarlo de nuevo. Al mismo tiempo que se divierte, está aprendiendo un concepto clave sobre cómo funciona el mundo.

Cómo ayudan estas actividades a tu bebé

Cuando proporcionas a tu hijo juguetes con luces, sonidos o que den una respuesta a sus acciones, le estás ayudando a:

★ Comprender la ley de causa y efecto. Está desarrollando la idea de que una cosa puede afectar a otra.

★ Experimentar cómo funcionan las cosas. Aunque todavía no está preparado para entender la teoría, tu bebé está viendo el efecto de la gravedad, el peso y la velocidad en sus juegos.

★ Estar cada vez más satisfecho consigo mismo. Cada vez que hace que algo suceda aprende que sus acciones tienen efectos y esto hace que siga intentándolo y experimentando.

CONSEJO

Los juguetes ideales para practicar la ley de causa y efecto son los móviles, los espejos, los sonajeros, los juguetes apilables, los juguetes sorpresa, los libros con pestañas, los juguetes musicales y los muñecos que hacen ruido al apretarlos.

Tíralo Tu bebé ve la ley de causa y efecto en toda su gloria cuando derriba cosas. Ya sea una torre de vasos de plástico o de cubos blandos apilados, chillará de puro placer cuando la derribe al golpearla.

Tirar y hacer rodar A tu bebé le encantará ver las distintas reacciones que tiene una acción. Tirar de algún juguete le cautivará al ver que domina el control de su dirección. Disfrutará haciendo rodar una pelota hacia ti y observará atentamente cómo se la devuelves del mismo modo.

Empujar y caer El efecto de la gravedad añade un factor sorpresa a sus juegos. Disfrutará al ver el resultado de empujar un cochecito hacia arriba por una rampa o de introducir una bola por el agujero de un tobogán y verla caer.

Pulsar Tanto si es pulsando el timbre de la puerta o una pieza de su juguete, tu bebé está descubriendo que los botones y las palancas hacen que sucedan cosas. Dale juguetes que piten o que se iluminen cuando él aprieta o empuja algo.

Capacidad cerebral

Al aire libre

Tu bebé está atento y listo para asimilar su entorno. Le gusta experimentar nuevas sensaciones y los ambientes exteriores ofrecen aire fresco, una perspectiva diferente y nuevos sonidos y vistas para estimular sus sentidos.

Ampliar horizontes Cambia el ambiente de tu bebé para estimular sus sentidos. Ver cosas en la distancia, sentir el viento sobre su piel y advertir los cambios de luz ofrecen a sus sentidos nueva información.

Cómo ayudan estas actividades a tu bebé

Cuando proporcionas a tu hijo tiempo para mirar, tocar y disfrutar del mundo fuera de casa, le estás ayudando a:

★ Explorar los elementos. Cada entorno nuevo le ofrece distintos olores, texturas y materiales con los que alimentar sus sentidos en desarrollo.

★ Familiarizarse con sensaciones diferentes. Tu hijo está aprendiendo sobre el mundo que le rodea basándose en la experiencia.

★ Disfrutar de un cambio de escenario. Un ambiente nuevo le motiva para investigar.

Mirar y tocar Las texturas, las formas irregulares y la variedad de colores en los entornos naturales son muy valiosas para el desarrollo sensorial de tu bebé. Dale tiempo para observar y tocar la corteza de un árbol, las conchas en la playa o las piedras de un camino.

Nuevas experiencias Todo lo que a ti te resulta cotidiano para tu bebé es muy emocionante. Deja que lo observe y lo escuche todo cuando salgáis. Visitad el estanque de los patos, escuchad cómo pasa el tren o mirad cómo comen las ardillas y los pájaros en el parque.

Capacidad cerebral

Jugar a cucú-tras

Es un hito importante en el entendimiento: tu bebé se está dando cuenta de que tanto los juguetes como tú todavía existís cuando no puede veros, oíros o tocaros. Asimilar este concepto le permite imaginar dónde está un juguete y jugar con él de formas más complejas.

Cómo ayudan estas actividades a tu bebé

Jugar a buscar y encontrar, a observar y esperar, u otros juegos como el cucú-tras le ayudan a:

★ Reforzar su comprensión. Tu bebé está aprendiendo mediante la experiencia que las personas y las cosas existen, pueda o no pueda verlas.

★ Conservar a personas y objetos en su mente. Para su desarrollo cognitivo es importante que pueda formarse una imagen mental de todo lo que forma parte de su mundo.

★ Desarrollar la memoria. Estos juegos de esconderse y aparecer ejercitan su memoria visual, ya que el niño debe retener una imagen del objeto o la persona que espera ver.

DATO

Puedes jugar a cucú-tras durante años con tu hijo, ya que significará cosas diferentes en las distintas etapas de su desarrollo.

Ocultar y revelar Tu bebé esperará ansioso cuando juguéis al cucú-tras. Esconde tu cara tras un pañuelo, ponte un sombrero sobre los ojos o escóndete tras las manos. Después revela tu rostro con un gesto y di: «¡Cucú!».

Te veo Deja caer con cuidado una manta ligera, un pañuelo o una tela de encaje sobre su rostro. Después tu bebé o tú podéis retirarlo. Al hacerlo, reacciona con sorpresa diciendo: «¡Ah! ¡Estás ahí!» cuando quede descubierto. Le encantará la idea de que no supieras dónde estaba.

Todavía está ahí Los juegos como el escondite refuerzan el concepto de que los objetos existen aunque tu hijo no pueda verlos. Esconde peluches o cubos detrás de un cojín, debajo de un trapo o en una caja y ayúdale a buscarlos hasta que los encuentre.

Marionetas sorpresa Jugad a un juego de aparecer y desaparecer con marionetas o juguetes. Haz que aparezcan por encima del sofá una y otra vez, siempre en un punto diferente, tu hijo estará muy atento esperando verlos aparecer de nuevo.

La permanencia de los objetos

Comprender que las personas y las cosas todavía existen, incluso cuando no se ven, se tocan o se oyen, es un hito en el desarrollo cognitivo de tu bebé.

Un nuevo conocimiento Este concepto llamado «la permanencia de los objetos» significa que si tu hijo deja caer un juguete y éste desaparece de su vista lo buscará, porque sabe que sigue ahí. La permanencia de los objetos empieza a surgir a los tres meses y se desarrolla por completo hacia los doce.

Una persona independiente Antes de que tu hijo entienda que los objetos siguen ahí, se habrá dado cuenta de que existes como una persona independiente, incluso cuando no puede verte ni oírte. Mostrará esta «permanencia de las personas» buscándote cuando estés fuera de su vista. Éste es también un paso en el desarrollo de su propio sentido del yo, el ser consciente de que él también es un individuo independiente, diferente de ti o de los demás.

De los 10 a los 12 meses

TU BEBÉ ACTIVO

Tu bebé está a punto de dejar de serlo: se esfuerza mucho para desarrollar las habilidades que necesita para andar, hablar y manejarse en el mundo con más facilidad. Los elogios y los ánimos le proporcionarán confianza para probar cosas nuevas.

TU BEBÉ SOCIAL

Cuando el bebé ronda el año de edad empieza a mostrar un mayor interés en su cada vez más amplio círculo social. Aunque seguirá jugando solo cuando esté en compañía de otros niños, los observará desde cierta distancia y copiará su forma de jugar.

Tu bebé empezará a ser cada vez más independiente y querrá explorarlo todo. Sin embargo, necesita saber que estás cerca para sentirse lo bastante seguro como para alejarse de tu lado. A pesar de su nueva independencia, seguirá disfrutando de sus rutinas establecidas ya que le aportan seguridad.

Su mundo emocional también se desarrolla. Está creciendo y es más consciente de sus propios sentimientos y emociones, así como de los de los demás. Sobre los doce meses de edad empezará a ser más expresivo y dará besos cariñosos, o te apartará de él cuando esté enfadado.

Su conciencia de sí mismo también se amplía y está comenzando a comprender el modo en que tanto él como otras personas se relacionan entre sí, aunque todavía no es demasiado consciente de su propio comportamiento.

EN MOVIMIENTO

Hacia los nueve o diez meses, tu bebé probablemente habrá desarrollado la habilidad de mantenerse en pie mientras se apoya y puede que haya empezado a dar algunos pasos por la habitación mientras se sujeta a los muebles.

Gestos Ahora tu bebé está aprendiendo de verdad nuevos gestos y señales. Señalar y alargar la mano son los gestos más habituales en esta etapa y los usará más a menudo para hacerte entender lo que quiere o lo que necesita.

Evaluar las formas Ver, sentir y experimentar con las formas y los tamaños es fundamental conforme tu pequeño aprende cómo las cosas son diferentes o encajan unas con otras. Los puzles y los juegos de piezas encajables le ayudarán a comprender estos conceptos.

Esto será el precedente a sus primeros pasos independientes: el objetivo que tanto has esperado. Unos bebés empiezan a andar antes que otros. Mientras que unos pocos lo consiguen a los doce meses, la mayoría tienden a lograrlo entre los doce y los quince. Sin embargo, hay que tener en cuenta que la transición entre su primer intento hasta que es plenamente capaz de andar será gradual, y en ocasiones el proceso durará varias semanas.

Puedes ayudar a la movilidad de tu pequeño equilibrando la cantidad de tiempo que pasa sentado y los momentos activos, ya que es durante la hora de jugar cuando se producen los mayores progresos en su desarrollo y de donde obtiene confianza. Intenta que no pase demasiado tiempo en la sillita del coche, en la trona o en el carro.

CONTROL MANUAL

Durante esta época tu bebé llega a otro momento importante en su desarrollo: consigue controlar los movimientos de «pinza» de los dedos, y entre los doce y los quince meses perfeccionará esta capacidad de sostener objetos entre el índice y el pulgar. Esta habilidad abre un amplio abanico de oportunidades de aprendizaje para tu hijo, ya que ahora podrá sujetar una cuchara, un cepillo o una cera de color más gruesos.

En los meses siguientes, tras mucha práctica, tu bebé irá aumentando la precisión de las manos para coger objetos grandes y pequeños.

HABILIDADES COMUNICATIVAS

Uno de los mayores logros de tu bebé en sus primeros años será el dominio del habla. Cuanto más te comuniques con él a través del tacto, las miradas, los gestos, el canto y el habla, mejor desarrollará el lenguaje. Alrededor de los diez meses podrá emitir dos sonidos juntos, por ejemplo «ajo»; y sobre los doce, ya te habrá deleitado llamándote «mama» o «papa», y utilizará regularmente entre dos y seis palabras que podrás reconocer.

Sus habilidades a la hora de escuchar también mejorarán. Está aprendiendo a esperar tus respuestas, lo que le ayuda a aprender el concepto de los turnos. Su comprensión está me-

Actividades estimulantes Tu bebé se volverá cada vez más activo y le gustará explorar cualquier sitio nuevo y emocionante. Un día fuera, como por ejemplo una excursión a la playa, será una fiesta para sus sentidos y estimulará sus ganas de aventura y exploración.

jorando constantemente y, alrededor de los doce meses, responderá a una instrucción o petición simple, como «dar palmitas». Además, su confianza en constante aumento a la hora de emplear gestos y señales, como agitar la mano para decir «adiós», indica que ya está preparado para hacerse entender.

CAPACIDAD CEREBRAL

Tu bebé está aprendiendo conceptos tales como «dentro» y «fuera», lo que le permite asimilar poco a poco las posiciones pertinentes de objetos y personas. Además, esto le ayuda a reforzar su comprensión de la permanencia de los objetos (véase la página 105). También está desarrollando nuevas sensaciones relacionadas con las diferentes propiedades de los objetos como son las texturas y los tamaños y, con tu ayuda, empezará a hacer comparaciones. Es ahora cuando los juegos imaginativos comienzan a emerger, y continuarán evolucionando y abriendo un mundo completamente nuevo de diversión para tu bebé.

Los libros Cuando los dedos y las manos de tu bebé se vuelvan más hábiles será el momento de que descubra la diversión que proporcionan los libros con solapas y lengüetas. Con ellos, su destreza se verá recompensada con las sorpresas que descubrirá bajo las mismas.

Permanecer de pie Alrededor de los diez meses tu bebé empezará a agarrarse habitualmente a los muebles para mantenerse de pie. Ayúdale a practicar sujetándolo de las manos. En poco tiempo estará dando vueltas por la habitación.

Tu bebé social

Permanecer cerca

Tu bebé cada día tiene más confianza en sí mismo y quiere explorar, siempre y cuando tú estés cerca. Ya no necesita estar en tus brazos para sentirse seguro: le basta con verte ahí o volver de vez en cuando a tu lado para tranquilizarse.

Cómo ayudan estas actividades a tu bebé

Permaneciendo cerca de tu bebé para que te vea y te oiga mientras juega, le estás ayudando a:

★ Sentirse a salvo y seguro. Eres su tabla de salvación; tu presencia hace que tu bebé puede concentrarse en jugar porque sabe que tú cuidas de él.

★ Distanciarse un poco de ti. Tu presencia le tranquiliza, y eso hace que tu hijo sienta la confianza suficiente como para alejarse más para explorar.

★ Entretenerse solo. Tu bebé necesita tiempo para estar solo y tiempo para estar contigo y aprenderá a distraerse solo, aunque sea durante poco tiempo aún.

En su propio mundo Si tu bebé tiene juguetes a su alrededor y sabe que estás cerca, jugará solo unos diez minutos. Déjale a mano unos cuantos juguetes diferentes, como piezas encajables, sonajeros y algún peluche que haga ruiditos.

Comprueba que todo va bien Incluso cuando juega felizmente, tu bebé necesita saber que sigues estando pendiente de él. Deja lo que estés haciendo de vez en cuando para ver cómo va y cámbiale los juguetes si lo consideras necesario.

CONSEJO

Si pasas tiempo fuera de casa, que tu hijo comprenda que siempre vuelves hará las cosas más fáciles. Refuerza esta idea despidiéndote alegremente y diciéndole que volverás pronto.

Lo bastante cerca para verte Sienta a tu bebé en una alfombra con algunos juguetes en la misma habitación en la que te encuentres. Te buscará con la mirada regularmente para comprobar que sigues ahí, y después seguirá jugando solo.

Un lugar con vistas Desde la trona, tu bebé puede verte mientras juega. Se entretendrá muy bien allí con algún juguete con ventosa que pueda girar, un puzle de madera con agarres o algún libro con imágenes en relieve y solapas.

Tu bebé social

Expresar emociones

Manifiesta tus emociones y tu bebé mostrará las suyas en respuesta. Cuanto más expresiva seas tú, más cómodo se sentirá él expresándose. Sus primeras experiencias afectivas fijarán el patrón que seguirá en el futuro.

Representa Tu bebé está aprendiendo sobre las interrelaciones mientras juega. Actúa y da un abrazo afectuoso a su peluche o inventa historias para representar sentimientos con sus muñecos.

Cómo ayudan estas actividades a tu bebé

Cuando muestras tus emociones a través de actos, palabras e historias, le estás ayudando a:

★ Abrazar y ser abrazado. Aceptar y dar afecto asienta un hábito sobre cómo se relacionará con otros, tanto ahora como en el futuro.

★ Expresar sus sentimientos. Tu bebé experimenta un amplio abanico de emociones y encuentra la manera de mostrarlos a través de su comportamiento y su lenguaje corporal.

★ Ganar conciencia. Tu bebé está aprendiendo diferentes emociones observándote y notando cómo reaccionas a lo que él siente.

Caricias y abrazos Cuanto más afecto físico muestres hacia tu bebé, más receptivo será él para toda exteriorización de afecto. Hazle mimitos, caricias, abrázalo o masajéale, no esperes a que te lo pida.

Dale amor Tú eres el mejor modelo de comportamiento para tu hijo. Cada vez que eres afectuoso con otras personas o incluso con la mascota de la familia, él te copia y crece su seguridad a la hora de expresar su amor de esta manera.

Tu bebé social

Acurrucaos

Una rutina nocturna establecida os ayudará a los dos a relajaros y, lo que es más importante, os dará la oportunidad de disfrutar de la compañía del otro. Con una rutina reconfortante para ir dormir, tú y tu bebé podréis desarrollar al máximo vuestro vínculo.

Cómo ayudan estas actividades a tu bebé

Con una buena rutina para ir a dormir en un ambiente relajado, le estás ayudando a:

★ Sentirse a salvo y seguro. Tu presencia tranquilizadora y una rutina relajante ayudan a tu bebé a sentirse lo bastante seguro como entregarse al sueño.

★ Refuerza vuestro vínculo. Los momentos de tranquilidad cuando podéis conectar el uno con el otro hacen que tú y tu bebé os sintáis más próximos.

Y también a:

★ Descansar lo suficiente. A esta edad, el bebé necesita unas catorce horas de sueño al día, que incluyen dos siestas.

★ Calmarse. La rutina previa a ir a dormir de tu hijo le enseñará a relajarse antes de acostarle.

Relajarse Al seguir el mismo patrón a la hora de acostarle cada noche, por ejemplo, baño, comida, un cuento y después a la cuna, el bebé sabe qué esperar y se siente más seguro.

El tacto Lograrás relajar a tu bebé masajeando ligeramente sus manos o pies, dándole unos toquecitos muy suaves o acariciándole mientras está tumbado. Incluso dejar la mano quieta sobre su cabeza o su cuerpo le hace sentir más seguro.

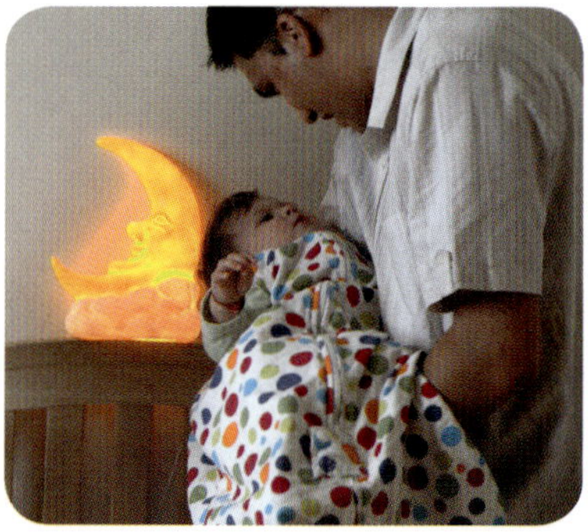

Luz tenue Utiliza una luz suave y mantén el mayor silencio posible en la habitación de tu bebé. Un estor opaco resultará útil en verano. Una habitación cálida, pero sin pasarse de caldeada, también le ayudará.

CONSEJO

Las rutinas para ir a dormir que establezcas durante el primer año de vida de tu bebé crearán unas asociaciones con el sueño, permanentes y muy positivas, que seguirán funcionando durante varios años.

La hora del cuento Los momentos de tranquilidad previos al sueño son muy especiales. Es cuando tu bebé y tú os acurrucáis y compartís un cuento o dos. Si haces que esto forme parte de su rutina, le ayudarás a adquirir un hábito de lectura de por vida.

Las rutinas y el crecimiento de tu bebé

Cuando el niño vaya creciendo, seguirá siendo importante tener unas rutinas establecidas. Aunque es probable que las actividades sean las mismas, tendrás que adaptar las rutinas ligeramente según se vaya haciendo mayor, por ejemplo, contándole cuentos más largos.

Sabe qué esperar Las rutinas ayudan a tu hijo a prepararse para momentos concretos. Una serie predecible de acontecimientos actúa como una señal para él sobre qué va a pasar a continuación y le ayuda a estar preparado. Por ejemplo, cuando le vistes y le metes en el carrito empieza a ponerse nervioso porque anticipa que vais a salir. Del mismo modo, cuando le bañas y os acurrucáis para contar un cuento, automáticamente él comienza a calmarse ya que interpreta que esto es un signo inequívoco de que ha llegado la hora de dormir.

Ser flexible durante el día Es imposible tener exactamente la misma rutina todos los días pero, si puedes, intenta hacer todo lo posible por mantener el orden en el que haces las cosas. Por ejemplo, en aspectos como: despertarse, la siesta de la mañana y de la tarde, el rato de jugar, las visitas o dar una vuelta, y después la rutina habitual de irse a dormir. Este marco te permite estructurar el día, aunque la hora concreta de realizar cada uno de estas actividades variará según respondas a las necesidades de tu hijo: si tiene sueño, hambre o ganas de jugar un poco antes o algo después.

Tu bebé social

En buena compañía

Tu bebé está preparado para hacer un montón de amigos. Tú serás su planificadora social, le llevarás a actividades para bebés y a reuniones familiares. Él mostrará interés por otros bebés que se harán patentes a través de miradas y breves contactos físicos, pero sólo jugará con ellos si tú lo haces también.

Cómo ayudan estas actividades a tu bebé

Cuando le das a tu hijo la oportunidad de estar rodeado de otros bebés y niños, le estás ayudando a:

★ Sentirse cómodo con sus iguales. El mero hecho de estar rodeado de otros bebés es el primer paso para la sociabilidad.

★ Mirar y aprender. Al principio, tu bebé se limitará a observar a sus futuros compañeros de juego hasta que, en unos meses, se atreva a jugar cerca de ellos.

★ Explorar. Está descubriendo a otros bebés, qué sienten, cómo son y cómo reaccionan.

Y también a:

★ Practicar con sus hermanos. Los juegos y la interacción con sus hermanos y hermanas será para tu bebé la oportunidad de practicar su sociabilidad con miembros de su familia.

Feliz limitándose a observar A tu bebé le gusta jugar solo o contigo, pero todavía no está preparado para jugar con otros niños. Proporciónale cuantas más oportunidades mejor de ver a otros niños y háblale sobre lo que están haciendo: la observación es el principio de su contacto social.

¿Eres de verdad? En esta etapa, tu bebé es un explorador entusiasta y se acercará a otros niños como si fueran objetos que descubrir. Anima a niños con más edad a ser pacientes cuando tu bebé los toque, observe e intente moverlos.

¿Cómo eres? Tu bebé está aprendiendo sobre sus iguales observándoles sin parar. Deja que los mire desde tu regazo, sentado junto a ellos en cualquier grupo de juegos, o durante actividades como el yoga para bebés.

CONSEJO

No subestimes la importancia de las amistades forjadas a estas edades. Se ha demostrado que perduran y puede que tu hijo mantenga los amigos que haga ahora durante la etapa preescolar, e incluso durante sus años de colegio.

Su compañero de juegos habitual Es más fácil para tu bebé ser sociable con sus hermanos o hermanas que con los niños de su grupo de juegos. Supervisa cómo tus hijos mayores juegan con él al escondite o a tirarse la pelota, o cómo conversan entre palabras y balbuceos.

Conciencia de sí mismo

¡Yo soy yo! Tu bebé empieza a entender que sois dos individuos. La primera señal de ello aparece antes de que cumpla tres meses, cuando se gira para buscarte cuando no estás al alcance de su vista.

Entender el mundo Tu bebé tiene ahora un sentido de «la permanencia de las personas»: es consciente de que existes aun cuando no puede verte o escucharte. Su conciencia de sí mismo crece a medida que descubre su propio cuerpo y aumenta el control sobre él. Además, está desarrollando una imagen mental de sí mismo y de la gente que conoce. Sobre los doce meses es capaz de diferenciar entre una fotografía de sí mismo y una de otro niño. Más adelante, alrededor de los quince, llegará la revelación de que la imagen que ve en el espejo es él.

Representar Otro signo de que tu bebé es consciente de sí mismo y de los demás es que empieza a jugar con la imaginación. Cuando actúa acunando a un peluche u ofreciéndole de beber, está copiando el comportamiento de los demás.

Aumento de su conciencia En esta etapa su concepto de sí mismo no es muy preciso. Hasta los dos años no empezará a autoafirmarse de verdad y a ser consciente de su comportamiento, por ejemplo, mostrando que se siente abochornado o avergonzado.

Mamá y yo Ser más consciente de su independencia es un hito significativo para tu bebé, aunque seguirá comprobando regularmente que sigues ahí.

En movimiento

Control de movimientos

La movilidad de tu pequeño da un gran paso hacia delante cuando es capaz de mantenerse de pie y comienza a desplazarse agarrado a los muebles, sujetándose a ellos y andando de lado hasta que ya no puede avanzar más. ¡Debes estar preparada para su primer intento de dar un paso!

Cómo ayudan estas actividades a tu bebé

Cuando animas a tu bebé a andar agarrado a los muebles y permanecer de pie solito, le estás ayudando a:

★ Mantener el equilibrio. Los pasos laterales ayudan a la estabilidad y coordinación de tu hijo y le preparan para andar.

★ Fortalecerse. Todo este movimiento es bueno para ejercitar los músculos de sus piernas.

★ Practicar los pasos. Está elevando los pies y volviéndolos a bajar a cada paso que da sujeto de los muebles, y seguirá practicando estos movimientos mientras permanece quieto de pie.

★ Conseguir lo que quiere. Tu bebé está esforzándose para conseguir ser más independiente. Mejorar la movilidad significa que será capaz de coger más cosas por sí mismo.

Pasos laterales A tu bebé le encantará desplazarse agarrado a los muebles. Coloca un juguete o un peluche a unos pasos de él, al otro lado del sofá, para que tenga que andar lateralmente si quiere alcanzarlo.

Permanecer de pie solo Cuando sea hábil desplazándose cogido de los muebles, coloca unas sillas algo separadas para que tenga que salvar el espacio que hay entre ellas, y así, aunque sea brevemente, permanecer de pie sin agarrarse a nada.

Ven a mis brazos Cuando te acerques a tu hijo, estará deseando apartarse de los muebles y andará hasta ti si estás lo bastante cerca, o dará unos cuantos pasos laterales salvando algún pequeño hueco entre una silla y el sofá para lograr que lo abraces.

DATO

Si tu bebé fue prematuro, alcanzará sus objetivos un poco más tarde. Mide su evolución basándote en la fecha en la que estaba previsto que naciera, no en la que nació. No te preocupes, se pondrá al día en poco tiempo.

En movimiento

Dejar caer y lanzar

Allá va: tu bebé ha descubierto lo divertido que es dejar caer y lanzar sus juguetes y pelotas. Experimentará con cuántas veces estás dispuesto a devolverle el juguete que tire, y probará movimientos grandes y pequeños mientras practica cómo mejorar su forma de coger las cosas para hacerlas volar.

Dejar caer y recoger Éste es uno de los juegos favoritos de los bebés. Tu hijo dejará caer un juguete de su carrito o su trona para que lo recojas y se lo devuelvas, entonces repetirá la secuencia de nuevo, una y otra vez.

Suave y blando Mientras lanza, deja caer o golpea, descubrirá que le resulta más fácil con un pon-pon, un saquito relleno de arroz o una bola blanda. Enséñale lo básico de lanzar: levántale el brazo con cuidado, haz que abra ligeramente la mano y muévele el codo.

Lanzar y recoger Dale a tu hijo varios objetos para lanzar: prueba haciendo pelotas de papel arrugado para ofrecerle una opción ligera y fácil de agarrar. Una piscina de bolas le permite revolverlas o cogerlas con tan sólo mover los brazos.

Cómo ayudan estas actividades a tu bebé

Cuando tu hijo deja caer o lanza sus juguetes y pelotas y tú te unes al juego, le estás ayudando a:

★ Mejorar sus movimientos. Tu bebé está aprendiendo cuándo debe soltar lo que tiene agarrado mientras mueve el brazo, por ejemplo, cuando va a lanzar la pelota.

★ Practicar la coordinación entre el ojo y la mano. Los lanzamientos mejoran la habilidad de tu bebé de apuntar, además de su control muscular.

★ Ser activo. Gateará y andará lateralmente por toda la habitación para perseguir las pelotas que acaba de desperdigar.

Y también a:

★ Divertirse. Rodar, lanzar o dejar caer pelotas: hay tantísima diversión en un objeto tan simple.

CONSEJO

Además de ser divertido, dejar caer las cosas o lanzarlas ayudará a tu bebé a estimar distancias cortas, lo que le ayudará a mejorar su destreza.

Control manual

¡A salpicar!

Salpicar, exprimir y tirar: hay mucho que hacer con el agua y es una práctica estupenda para que tu bebé perfeccione sus movimientos y mejore su control muscular. Jugar con el agua es ideal para que practique sus habilidades. ¡Los derramamientos son parte de la diversión!

Cómo ayudan estas actividades a tu bebé

Cuando pones agua en un bol, en la bañera o en una piscina de plástico para bebés con diferentes juguetes y recipientes que tu bebé pueda agarrar, le estás ayudando a:

★ Agarrar y manipular diferentes formas y pesos. Tu bebé trabaja mucho para tratar de sostener con las manos objetos de diferentes tamaños, girándolos y lanzándolos.

★ Ensayar movimientos más precisos. Un beneficio añadido de jugar con el agua es que tu bebé practica el control de los pequeños músculos de sus muñecas, sus manos y sus dedos.

★ Incrementar la fuerza con la que agarra las cosas. Exprimir y lanzar chorritos ayuda a ejercitar los músculos que utiliza para agarrar.

Y también a:

★ Reforzar el concepto de causa y efecto. Salpicar, verter o exprimir…, todo lo que haga con el agua tendrá un fin que le resultará claramente satisfactorio.

DATO

Por su seguridad, nunca dejes a tu bebé sin supervisión en el agua o cerca de ella. No importa lo poco profunda que sea, ni por un momento.

Chorritos Las esponjas y los juguetes que tiran chorritos hacen que tu hijo experimente lo que es apretar con fuerza y exprimir. Dale varias esponjas de diferentes tamaños y ayúdale a llenar un muñeco de agua y luego apriétalo para que salga un chorro. Observa si es capaz de apuntar con el agua a sus propios pies.

Llenar y vaciar Tu bebé se divertirá y mejorará los movimientos de sus manos y muñecas mientras juega a llenar de agua vasos de plástico, jarritas pequeñas o una mini regadera, y los vacía después salpicando en la bañera.

Flotar y llenar Usa una palangana para jugar un poco con el agua. Deja que elija unos cuantos animales de plástico para hacerlos flotar y luego pescarlos. Llena un colador y observad cómo se escurre el agua, o jugad a llenar y vaciar jarritas.

Causa y efecto Jugar con el agua combina la coordinación de sostener algo y verter, con un resultado agradable y divertido, la salpicadura. Tu bebé disfrutará de las consecuencias de derramar agua en un juguete que gira mientras se llena, o de llenar un barco hasta que se hunda.

Habilidades comunicativas

Por turnos

Tu bebé está aprendiendo que hablar es algo más que emitir sonidos. Necesita tanto esperar y escuchar como expresarse. Con la práctica disfrutará del intercambio que suponen los juegos y las conversaciones.

Cómo ayudan estas actividades a tu bebé

Estableciendo turnos cuando jugáis, haciendo y contestando preguntas y manteniendo conversaciones, le estás ayudando a:

★ Esperar su turno. La comunicación se basa en emitir y recibir mensajes. Los juegos y las conversaciones desarrollarán esta habilidad en tu hijo.

★ Participar en la conversación. Tu bebé ahora participa también en la conversación y escucha para responder después.

★ Darse cuenta de que se hace entender. Tu bebé está aprendiendo que sus sonidos y gestos significan algo para ti.

Y también a:

★ Tolerar la espera. Los turnos le ayudan a hacer frente a períodos cortos de espera.

Escuchar y responder Cuando tu bebé emita sonidos bisílabos como «ajo» o «mama», repítelos, espera su reacción y entonces respóndele. Repite este juego con él.

Mi turno, tu turno Practica los turnos pasándoos los juguetes el uno al otro diciéndole cada vez que se lo des: «Aquí lo tienes». Sentaos en el suelo uno en frente del otro y pásale una pelota rodando. Entonces anímale a que te la devuelva diciéndole: «Ahora te toca a ti».

Habilidades comunicativas

Describe y compara

Cuantos más detalles le des, mayor dominio del lenguaje tendrá tu bebé. Enriquece su comprensión por medio de la descripción y las comparaciones. Hasta dentro de un tiempo no será capaz de llamar a los colores o a las texturas por sus nombres, pero ya está empezando a comprender.

Un montón de colores Tu bebé está listo para conocer el nombre de los colores. Cuando toque un cubo de construcción o un juguete dile «esto es verde» o «el cubo es rojo». Empieza con los colores primarios, ya que son más fáciles de ver para él que otros con tonalidades más sutiles.

Cómo ayudan estas actividades a tu bebé

Si le ofreces descripciones claras y comparaciones, le estás ayudando a:

★ Mejorar su vocabulario. Cuanto mayor sea la variedad de palabras que escuche tu bebé, mayor será su vocabulario en los meses siguientes.

★ Calificar las propiedades de los objetos. Tu bebé está aprendiendo a poner nombres a los colores, los tamaños y las texturas.

★ Hacer comparaciones. Tu hijo empieza a entender que los objetos pueden agruparse según su tamaño, su color y otras categorías.

Comparar y contrastar Tu bebé empieza a comprender conceptos como más grande y más pequeño. Ayúdale utilizando estas etiquetas en vuestras charlas cotidianas. Dile: «Éste es el osito pequeño» cuando se lo enseñes, u ofrécele dos juguetes y pídele que te enseñe el que es más grande.

Blando y duro Descubre a tu bebé palabras referentes a las texturas nombrándolas según vaya tocando objetos. Cuando abrace un juguete esponjoso pregúntale: «¿Está blando?». Si asiente tendrás la oportunidad de coincidir y reiterar diciendo: «Sí, es blando», y así reforzarás el concepto.

Habilidades comunicativas

Entender los significados

Tu bebé une palabras a significados para comprender lo que le dices. Su comprensión está más avanzada que su habilidad de hablar: entiende frases simples, aunque sólo es capaz de decir una o dos palabras.

Cómo ayudan estas actividades a tu bebé

Manteniendo a tu hijo ocupado con preguntas e instrucciones claras, le estás ayudando a:

★ Entender peticiones simples. Pregúntale una sola cosa y será capaz de entender lo que quieres.

★ Reforzar la comunicación gestual. Cuando al pedirle algo señalas a la vez y asientes para alentarle, le estás ayudando a entender lo que tiene que hacer.

★ Cooperar. La alegría que expresas cuando tu hijo sigue correctamente una instrucción le dice que lo ha hecho bien.

Responder a peticiones Tu bebé quiere complacerte y disfrutará trayéndote algo que le hayas pedido. Pídele cosas simples, como «tráeme el libro» o «dame el vaso», y señala los objetos para ayudarle a comprender lo que quieres decir.

Dame un beso Tu hijo entiende y obedece algunas instrucciones simples. Asegúrate de que sólo le pides hacer una cosa cada vez, por ejemplo: «dame un beso» o «por favor, bébete la leche». Todavía no está preparado para algo más complicado.

DATO

A los diez meses, los bebés empiezan a discernir la entonación y entenderá una palabra aunque se diga con un énfasis diferente o por una persona menos próxima para él.

El pequeño ayudante Tu bebé comprenderá con más facilidad la idea de hacer lo que le pides cuando compartáis tareas juntos. Dale instrucciones claras como «mete el juguete en la caja» y mete uno en ella para mostrarle cómo hacerlo. Así podrá seguir tu petición y tu ejemplo.

Capacidad cerebral

Dentro y fuera

Tu bebé está aprendiendo las posiciones de personas y objetos. Pueden estar dentro y fuera, detrás, encima y debajo. Esto le ayuda a entender qué pasa cuando lanza, empuja, mantiene en equilibrio o cubre sus juguetes.

Cómo ayudan estas actividades a tu bebé

Mediante juegos, libros y juguetes que impliquen meter y sacar cosas o ponerlas encima o debajo, le estás ayudando a:

★ Construir su comprensión sobre las posiciones. Tu bebé está creando un modelo mental del mundo, incluyendo cómo los objetos se relacionan unos con otros.

★ Poner un nombre a los conceptos que aprende. Estas etiquetas verbales crean un atajo a las ideas que tu hijo está aprendiendo.

★ Comprender las reglas del comportamiento de los objetos. A través del juego, tu bebé descubre cómo los objetos se balancean, equilibran, caen y se mueven.

Y también a:

★ Construir su comprensión de la permanencia de los objetos. Lanzar los juguetes o esconderlos son actividades estupendas para mostrarle que las cosas siguen existiendo aunque no pueda verlas u oírlas.

DATO

A los diez meses, será más hábil con las manos y explorará más con ellas que con la boca. A los doce meses, rara vez se llevará nada a la boca.

Piezas que desaparecen Tu bebé aprende los conceptos «dentro» y «fuera» mientras juega. Ahora disfrutará jugando con juegos de piezas encajables. Le encantará ver cómo desaparecen las cosas y después reaparecen cuando las vuelve a sacar.

Lleno y vacío Cuando tu hijo llene su caja de los juguetes o vacíe el agua de un objeto en el baño, recuérdale los conceptos que está aprendiendo haciendo hincapié en su nombre y diciéndole, por ejemplo: «La jarrita está vacía» o «La caja está llena».

Encima y debajo Deja que tu bebé experimente diferentes posiciones mientras juega. Gatead juntos debajo de la mesa (vigílalo de cerca para que no se golpee la cabeza) o encima del sofá mientras le describes cada posición.

Leer Fomenta su sentido de la anticipación intentando adivinar qué se encuentra debajo o detrás de las solapas. Elige libros que incluyan conceptos como «debajo», «encima», «dentro» y «fuera» para que pasen a serle ideas familiares.

Posiciónale Deja que sea él el que meta las cartas en el buzón, llame a un timbre o sujete una bolsa. Estará encantado de ser tu ayudante. Estas tareas de la vida diaria son otra oportunidad de aprender sobre las posiciones.

Joven explorador Tu bebé está experimentando diferentes posiciones por sí mismo cuando se mete en una caja jugando a las casitas, cuando está debajo de la mesa o atraviesa las patas como si de un túnel se tratara, o cuando se asoma al borde del sofá.

Juguetes apropiados para su edad

A la hora de jugar, la diversión debe ser lo primero y más importante. Sin embargo, también querrás que los juguetes que le ofrezcas le estimulen y pueda aprender con ellos.

Cómo elegir los juguetes Busca juguetes que estén indicados para niños de la edad de tu hijo. La mayoría de los artículos indican en su envoltorio la edad recomendada de los usuarios. No obstante, debes tener en cuenta la fase de desarrollo en la que se encuentra tu bebé. Cada niño se desarrolla a una velocidad diferente, así pues, elige los juguetes que mejor se adapten a la movilidad, la destreza y el nivel de comprensión de tu hijo.

Desafíale Dale juguetes que le supongan un reto o un esfuerzo. Si un juguete es demasiado simple, se aburrirá de él rápidamente. Sin embargo, si es demasiado complicado para él, terminará frustrándose. Para que el juego sea divertido y educativo al máximo, tu bebé deberá tener que pensar un poco o esforzarse para hacer que funcione.

Juguetes con los que crecer Elige juguetes que tengan diferentes niveles de complejidad. La comida de juguete, por ejemplo, es ideal para tu bebé, ya que puede jugar a lanzarla o a organizarla por formas o colores, pero además podrá jugar con ella cuando sea más mayor a las tiendas o cualquier otro juego imaginario.

Pruébalos antes de comprarlos. Averigua qué juguetes estimulan más a tu bebé viéndole jugar en una ludoteca.

Capacidad cerebral

Explorar las texturas

Es una fiesta para sus sentidos cuando tu bebé toca, acaricia y observa las diferentes texturas y superficies que le rodean. Anímale a experimentar objetos blandos, duros, ásperos y suaves, y nómbralos para ayudarle a etiquetarlos y catalogar toda la información que está recibiendo.

Cómo ayudan estas actividades a tu bebé

Cuando llamas su atención sobre las texturas y le animas a explorar los objetos a través del tacto, le estás ayudando a:

★ Alimentar sus sentidos y su cerebro. Tu bebé almacena la información que recibe por medio de todos sus sentidos para entender lo que ve y siente.

★ Crear categorías. El cerebro de tu bebé está preparado para organizar y agrupar información. En los próximos meses averiguará que sus peluches pueden clasificarse como «cosas que son blandas» y los cubos de construcción como «cosas que son duras».

★ Entender «igual» y «diferente». Mirar y sentir diferentes texturas enseña a tu hijo a hacer comparaciones y encontrar similitudes.

Y también a:

★ Mejorar su vocabulario. Usa montones de descripciones para ampliar su lista de palabras.

DATO

El tacto es importantísimo en la comprensión del mundo para tu bebé. Ahora, aunque no pueda ver un objeto, tocarlo le ayudará a crear una imagen mental que le permitirá identificarlo.

Suavecito, suavecito Guía las manos de tu bebé mientras acaricia sus suaves peluches con forma de animales o se acerca una bufanda de lana a la mejilla. La esponjosidad es una textura que encontrará agradable y hasta reconfortante.

Comparar texturas Las distintas superficies tienen un aspecto y un tacto diferente. Da a tu bebé la oportunidad de ver y tocar una amplia variedad de juguetes con texturas, cubos y pelotas, y descríbele cada uno de ellos mientras lo hace.

Bordes duros Los cubos, bloques y juguetes de plástico duro permitirán a tu bebé sentir qué son los bordes bien definidos y la solidez. Aprende estas propiedades cuando sostiene objetos con las manos y los explora por medio del tacto.

Esponjoso, suave y áspero Algunos libros interactivos para bebés les presentan las texturas, además de las palabras descriptivas. Encuentra libros que inviten a tu hijo a tocar parches con texturas según avanza la historia: notará así las escamas de un cocodrilo, la suave barriguita de un pollito, o la lisa y brillante superficie de un espejo.

El cerebro en desarrollo de tu bebé

El cerebro de tu bebé, en concreto la parte superior del mismo o córtex, se está desarrollando más rápido de lo que lo hará en cualquier otra etapa de su vida.

Establecer conexiones La retroalimentación de sus experiencias como bebé crea y enriquece las conexiones de su cerebro. Cada cosa que ve, oye, degusta, huele y toca le ayuda a formar nuevas conexiones y a construir mapas mentales de su entorno.

Aprender a través de la repetición Tu bebé aprenderá rápidamente las cosas que se le repitan con frecuencia. Esto se debe a que la repetición fortalece las conexiones entre las células del cerebro. Por el contrario, las vías que rara vez se utilizan menguan y la conexión se pierde. Ésta es la forma en que el cerebro se asegura de que las conexiones más fuertes y más efectivas sean las que predominen.

Nuevos conceptos Alrededor de los doce meses, los mapas mentales y la información recopilada en el cerebro de tu bebé le permitirán captar ideas más complejas. El concepto de la permanencia de los objetos está ya bien definido y ha empezado a comprender la causa y el efecto; la relación entre ellos, como «dentro», «sobre» y «debajo», y a usar su imaginación.

Desarrollo a lo largo de la infancia Cuando tu hijo tenga cinco años, el 90 por ciento de su desarrollo cerebral se habrá completado. Toda esta actividad no incrementa el número de células cerebrales, de las que tenemos unos cien mil millones, pero forma las conexiones entre las células por las que pasa la información y se lleva a cabo el aprendizaje.

De los 12 a los 18 meses

TU NUEVO HIJO PEQUEÑO

En un año, tu bebé ha pasado de ser un recién nacido indefenso a ser un niño curioso y activo. Ahora tu hijo ya anda y habla, y su destreza manual está mucho más desarrollada. La aceleración de estas habilidades indica que su mundo se expande rápidamente.

TU BEBÉ SOCIAL

Durante el próximo año, el mundo de tu bebé social cambiará sutilmente conforme pase de jugar en solitario a hacerlo alegremente en compañía de otros niños, una fase conocida como la del juego «paralelo». Además de la falta de interacción directa que caracteriza esta etapa del juego, el concepto de compartir todavía sigue resultándole ajeno. Tu hijo sigue siendo el centro de su mundo y no entiende la necesidad de compartir con los demás, lo que significa que cuando esté jugando con otros niños necesita que le vigilen bien. Los turnos también son un concepto relativamente nuevo. Aunque esté aprendiendo a respetarlos a la hora de comunicarse y de escuchar, todavía no está preparado para aplicarlo cuando juega con otros niños.

El niño también es cada vez más consciente de tus sentimientos, y hacia los dieciocho meses, es posible que le pilles observándote para ver si apruebas sus acciones y expresando sus propios sentimientos de una manera más clara. Asimismo, está empezando a imitarte más y le gustará colaborar contigo en algunas tareas prácticas. Esto vendrá unido a un instinto de independencia y dejará claro que quiere intentar hacer algunas cosas él solo, como abrir una puerta o comer sin ayuda de nadie. Es importante dejar que lo intente para que adquiera confianza y que aprenda.

EN MOVIMIENTO

Entre los doce y los quince meses, tu bebé probablemente empiece a dar sus primeros pasos. Al igual que gatear, caminar, escalar y correr requieren la coordinación de distintas partes de su cuerpo para que el movimiento tenga lugar. Una vez que empieza a caminar su equilibrio mejora y ya podrá utilizar algunos columpios como los toboganes para niños pequeños y otras instalaciones básicas.

No todos los niños se desarrollan a la misma velocidad y, aunque la mayoría suelen mejorar sus habilidades más o menos en el mismo orden, unos pocos se saltan algunos pasos, por ejemplo, arrastrando el trasero en lugar de gatear. Puede que te sientas tentado a comparar cómo progresa tu hijo en relación con los demás niños de su edad. Esto puede ser de gran ayuda si te preocupa que tu niño avance con retraso. Sin embargo, existe mucha variación en el desarrollo físico normal, de modo que no te preocupes si no está todavía en la misma etapa que sus amiguitos. A menos que todavía no muestre signos de caminar a los dieciocho meses, es poco probable que haya motivos para preocuparse.

Apilando Los bloques de madera o formas apilables o de construcción ejercitan varias habilidades de tu pequeño. Lograr juntar dos objetos requiere pensamiento, equilibrio y destreza manual.

Dejar mi marca Conforme la capacidad de tu hijo para sujetar y manipular objetos vaya mejorando le gustará experimentar con pinceles y ceras. Dale mucho papel y colores llamativos para que se entretenga.

De pie Tu hijo ha empezado a dar sus primeros y temblorosos pasos. Además de conseguir impulsarse hacia adelante, también está aprendiendo a mantener el equilibrio e irá refinando esta habilidad durante los próximos meses.

CONTROL MANUAL

Tu hijo continúa consolidando la destreza de sus manos. Según siga mejorando su coordinación óculo-manual a un ritmo constante, no sólo será capaz de jugar con juguetes más complejos, sino que empezará a dominar el arte de sujetar ceras y pinceles gruesos. A raíz de esto, es posible que empiece a realizar muchos garabatos. Éste es el momento perfecto para iniciarle en actividades creativas y en juegos con pinturas, plastilina, ceras o tiza.

Puede que empieces a preguntarte si tu hijo es diestro o zurdo, y hacia los dieciocho meses deberías empezar a advertir su preferencia.

Nuevas experiencias Conforme la curiosidad por su mundo aumenta, disfrutará descubriendo cosas y sonidos nuevos. Le fascinará rasgar una guitarra de juguete y le encantará el efecto que tienen sus acciones sobre las cosas.

HABILIDADES COMUNICATIVAS

Ahora tu hijo empezará a añadir palabras nuevas a su vocabulario a gran velocidad: a los dieciocho meses será capaz de decir al menos veinte palabras y entenderá el significado de muchas más. También empezará a unir dos palabras para construir sus primeras frases simples.

La seguridad en sí mismo también crece a un ritmo constante, y verás que su palabra favorita es «no», ya que la usará de manera sistemática. A los dieciocho meses es capaz de interpretar tu expresión y, si tú ríes o lloras, él hará lo mismo.

CAPACIDAD CEREBRAL

Conforme tu hijo empieza a comprender ciertos conceptos, como la ley de causa y efecto, comienza a mostrar interés por cómo funcionan las cosas como, por ejemplo, cómo se encajan las distintas partes de la vía del trenecito de juguete o cómo se construye con los bloques de colores. Su juego imaginativo está aumentando y empieza a interesarse por los juegos de roles. Además, su memoria mejora a un ritmo constante y empezará a almacenar más información en su memoria a largo plazo. Por ejemplo, será capaz de encontrar objetos y juguetes que siempre se guarden en el mismo sitio y reconocerá la disposición de vuestra casa y de otros entornos familiares.

Jugar al lado de otros El mundo social de tu hijo está abriéndose y empezará a divertirse jugando al lado de «amiguitos». Aunque todavía haya poco contacto, a los dos les gustará estar juntos realizando su propia actividad independiente.

Tu bebé social

El arte de copiar

Tú eres el modelo más importante para tu hijo: querrá imitar todo lo que digas o hagas. Te copiará por un deseo instintivo de ser como tú. Está programado para aprender, y no para de observar y de practicar cómo te relacionas con otras personas, cómo realizas ciertas tareas y cómo te diviertes.

Cómo ayudan estas actividades a tu hijo

Cuando le proporcionas oportunidades para imitarte y para vivir escenas familiares, le estás ayudando a:

★ Observar cómo se tratan las personas entre sí. Observando cómo interactúas con los demás aprende cómo funcionan las relaciones.

★ Poner en práctica sus habilidades sociales. Las situaciones sociales pueden ser complicadas. Los juegos imaginativos ayudan a tu hijo a practicar roles y comportamientos sociales.

★ Sentirse próximo a ti. Imitar tu comportamiento permite a tu hijo mantener su vínculo contigo.

★ Practicar nuevos comportamientos. Observar y copiar es un buen modo de que tu hijo aprenda.

DATO

Los primeros años son cruciales en lo que al aprendizaje se refiere. Durante esta época, tu hijo absorbe conocimientos a una velocidad mayor de lo que lo hará en cualquier otro momento de su vida.

Deja que te ayude Tu hijo quiere participar en todo lo que hagan los adultos. Le gustará el ambiente social de la cocina. Dale un cuenco con masa para hacer pasteles para que la remueva antes de meterla al horno, o deja que te ayude a aplastar las patatas cuando hagas puré.

Hacer una foto Tu hijo se sentirá orgulloso de sí mismo cuando haga fotos igual que tú. Guía sus manos sobre los botones y posa mientras te hace la foto. Mirad y comentad las imágenes después para darle más importancia a la experiencia.

Juegos de roles Dale juguetes a tu hijo que le ayuden a imitar tus acciones. Puede practicar habilidades sociales «hablando» por su teléfono de juguete, o colocar su osito de peluche en el carrito o remover con una cuchara.

Jardinero Los espacios abiertos proporcionan una gran variedad de actividades que podéis hacer juntos. Coge su cubo y su pala para que pueda cavar a tu lado, o pídele ayuda para regar las plantas o para que le pase la esponja al coche.

Tareas domésticas Conviértelas en un juego divertido poniendo algo de música mientras limpiáis o recogéis los juguetes. Tu hijo puede ayudarte usando su propio plumero o su propia escoba, o también podéis «repartiros» las tareas.

Ser un buen modelo a seguir

Tu hijo observa cada movimiento que haces e imita tu comportamiento, tu manera de hablar y tu forma de relacionarte con otras personas. Ser su modelo a seguir es una gran responsabilidad, pero también una buena oportunidad para transmitirle lo mejor de ti mismo.

Habilidades sociales Si eres afectuoso y respetuoso con los demás, tu hijo copiará este comportamiento. Si sueles decir «por favor» y «gracias», es muy probable que acabe mostrando también estos buenos modales conforme sus habilidades sociales vayan desarrollándose.

Diferencias de género Tu hijo diferencia entre hombres y mujeres y observa el comportamiento de ambos. Tu manera de actuar y tu rol en el hogar también influirán en cómo vea más adelante las responsabilidades de los hombres y de las mujeres.

Lenguaje Tu hijo es una esponja que absorbe nuevas palabras y registrará las expresiones que utilices con mayor frecuencia. Piensa siempre en cómo sonarán las cosas saliendo de su boca en los próximos meses antes de decir nada.

Intereses y aficiones Como familia, todo el interés que mostréis en las actividades al aire libre, en los deportes, las películas, el teatro o la cultura influirán a la hora de formar las preferencias de tu hijo en un futuro.

Tu bebé social

Jugar junto a otros niños

Deja que tu hijo se acostumbre a otros permitiendo que juegue solo cerca de ellos. Siéntalo al lado de un amiguito, cada uno con sus propios cubos, pinturas o plastilina, y jugarán alegremente en compañía del otro. No obstante, no dejes de vigilarlos, ya que a la hora de compartir algo podrían surgir problemas.

Cómo ayudan estas actividades a tu hijo

Llevándole a grupos de juegos y animándole a jugar al lado de otros niños, le estás ayudando a:

★ Acostumbrarse a estar con niños de su edad. Esto crea poco a poco un círculo de amigos y ayuda a que se sienta cómodo, primero en grupos reducidos y, con el tiempo, en grupos más numerosos.

★ Empezar a jugar con los demás. Jugar al lado de otro niño es el punto de partida en el mundo del juego social.

Consciente de la presencia de los demás Cuando tu hijo se acostumbre a jugar cerca de otros niños, es posible que imite lo que haga el niño que tiene al lado. Éste es uno de los primeros pasos para empezar a jugar juntos. Fíjate en cómo observa e imita acciones simples.

Participar Las actividades organizadas en las que tu hijo se une a otros para cantar una canción o jugar a algo, le ayudan a darse cuenta de que forma parte de un grupo. Llévalo con grupos de niños de su edad para que se acostumbre a situaciones con más gente y más alboroto. Si tú también te unes se sentirá más cómodo.

Juegos paralelos Tu hijo está preparado para jugar junto a otro niño, pero no para relacionarse con él. Prepara juegos como los trenes, los coches, una granja o un zoo para que tengan suficientes piezas para jugar juntos pero de manera independiente. Vigílalos para evitar peleas por los juguetes.

Aprender a compartir

Como es lógico, tu hijo se considera el centro del universo y todavía tardará un tiempo en entender el concepto de compartir.

El mundo de tu hijo Considera que todo le pertenece y que sus necesidades imperan sobre la vida diaria de aquellos que le rodean. Se trata de una etapa egocéntrica, normal del desarrollo, y a tu hijo le resulta casi imposible ver las cosas desde el punto de vista de nadie más. Ser consciente de esta fase ayuda a comprender su comportamiento. Por ejemplo, ayuda a entender que se enfade cuando otro niño le quita un juguete, porque considera que el objeto le pertenece. Para un adulto, esto sería el equivalente a que alguien que va por la calle nos robase el bolso o la cartera o saliese disparado llevándose nuestro coche. De modo que supervisa su juego y prepárate para intervenir si ves que tu hijo está a punto de coger los juguetes de los otros niños e interviene antes de que los otros pequeños se lo quiten de un tirón.

Ayudarle a compartir Puedes ayudar a tu hijo a desarrollar su capacidad para compartir elogiándole si os ofrece un juguete o comida a ti o a otro niño, pero no olvides que éste es un proceso de aprendizaje lento y gradual y que no terminará hasta que tenga unos cinco años.

Tu bebé social

Cada vez más independiente

A esta edad empezará a querer ser más autónomo. Tu hijo se empeñará en rechazar tu ayuda a la hora de vestirse y de comer. Guíale por estas tareas y dale tiempo para poner en práctica nuevas habilidades. Debes saber cuándo tienes que intervenir y cuándo debes darle espacio para que siga intentándolo.

Cómo ayudan estas actividades a tu hijo

Dándole tiempo y animándolo a que pruebe a vestirse y a comer solo, le estás ayudando a:

★ Intentar hacer las cosas. Se está esforzando por hacer más por sí mismo y necesita mucha práctica para dominar las tareas más complicadas, como utilizar una cuchara.

★ Ir poco a poco. Divide tareas complicadas en pequeños pasos que pueda realizar.

★ Obtener más confianza y satisfacción personal. Está forjando un sentido de autoeficacia: puede hacer las cosas solo.

Y también a:

★ Ver que crees en él. Si le demuestras que confías en él, él también creerá en sí mismo.

Comer juntos Crea un ambiente social a la hora de comer. De este modo le estarás enseñando cómo debe comportarse uno en la mesa y cómo se utilizan los cubiertos, además de crear el hábito de conversar mientras se comparte una comida.

CONSEJO

Aunque intentar hacer las cosas solo ayuda a tu hijo a aprender habilidades nuevas, es necesario establecer límites. Es fundamental que le supervises y, si algo no es seguro, debes decirle que no puede hacerlo.

Puedo comer solo Lo manchará todo, pero merece la pena que tu hijo intente comer solo. Siéntate con él y utiliza una cuchara también para que pueda imitarte. Guía sus manos para que mantenga la cuchara recta, pero no le des de comer tú: quiere hacerlo él solo.

La práctica Como el resto de habilidades recién aprendidas, tu hijo practicará las técnicas de alimentación en sus juegos. Mientras sujeta una cuchara en la boca de su osito de peluche o le lleva una copa a los labios está perfeccionando su habilidad mientras juega.

Por último, pero no por ello menos importante Enséñale a vestirse poniéndole las prendas a medias y dejando que haga el resto. Por ejemplo, deja que termine de bajarse la camiseta una vez que se la hayas pasado por la cabeza y los brazos. Cuando consiga realizar estos pequeños pasos, deja que haga más la próxima vez.

Dejar que tu hijo lo intente

«Yo, yo, yo» es la manera que tiene tu hijo de decir que está preparado para ser más independiente. Está experimentando un deseo de practicar nuevas habilidades hasta haberlas dominado. Este entusiasmo de probar cosas nuevas será una ventaja durante toda su vida.

Ser paciente Tu hijo se tomará todos los días su tiempo para comer y para ponerse el abrigo. Esto puede resultar frustrante y a veces te sentirás tentado a intervenir, pero intenta resistirte, ya que esto sólo empeorará las cosas y tendrás que pelearte con él para hacerte con el control.

Hacer tiempo Intenta algunos remedios prácticos, como dejar más tiempo para cada actividad, o levantaros antes para empezar la rutina matinal. Cuando vaya mejorando en todas las tareas terminará antes y os retrasaréis menos.

Ayúdale Enséñale algunas técnicas clave, por ejemplo, a la hora de vestirse. Practicad cuando no tengáis prisa, los fines de semana por la mañana o a la hora de vestirse después de ir a nadar. Separa las tareas en pequeños pasos e id superándolos uno a uno. Dile qué es lo que tiene que hacer y guíale físicamente si necesita ayuda en algún punto en concreto.

En movimiento

Tambalearse y caerse

Ahora que ha conseguido coordinar sus músculos, tu hijo está listo para caminar. Empezará a hacerlo con las piernas separadas y arqueadas, ya que esto le proporciona más estabilidad. La perfección se consigue con la práctica, de modo que sácalo del carrito y deja que ande siempre que tengas la oportunidad.

Cómo ayudan estas actividades a tu hijo

Cuando le animas a dar unos pasos tanto en la calle como en casa (incluso aunque sean unos pocos cada vez), le estás ayudando a:

★ Empezar a caminar. Tu hijo está pasando de levantarse y caminar de lado agarrado a algo a caminar hacia adelante. A los trece meses, casi la mitad de los niños ya saben andar.

★ Mantener el equilibrio. Con la práctica el niño adquirirá un mayor equilibrio y coordinación.

★ Desplazarse. Una mayor movilidad implica que tu hijo pueda tener más opciones a la hora de decidir qué hacer o qué quiere explorar.

Los primeros pasos Despeja algún espacio para que pueda dar unos pasos sin que haya demasiados obstáculos por el camino. Separa un poco los muebles para animarle a caminar sin cogerse todo el tiempo.

Paso a paso Dale confianza permaneciendo detrás o delante de él y cogiéndole de las manos. Camina a su paso y mantén los brazos relajados para no ir tirando de él.

Con paso seguro Cuando tu hijo camine con más seguridad, desafiará su equilibrio y su coordinación intentando tirar de algunos juguetes mientras anda, empezando a llevar cosas en las manos y dando pasos más rápidos.

DATO

Si tu hijo todavía no anda a los dieciocho meses, es recomendable que acudas a un pediatra para que te aconseje y para quedarte más tranquila.

En movimiento

En busca del equilibrio

Ahora mismo, para tu hijo andador todo es una cuestión de equilibrio. Está de pie y quiere girarse y doblar su cuerpo sin caerse de golpe. Estimula su equilibrio con actividades que mantengan su cuerpo en movimiento.

Agacharse y levantarse Tu hijo practica movimientos complicados y pone a prueba su equilibrio jugando. En vuestras excursiones familiares se agachará, se estirará y se girará para coger hojas o plumas por un camino o para buscar conchas y guijarros en la playa.

Cómo ayudan estas actividades a tu hijo

Con actividades que implican estirarse y mantener el equilibrio, le estás ayudando a:

★ Agacharse y girarse. Ahora que ha empezado a andar, tu hijo puede aprender nuevas posturas y movimientos, como mantenerse de pie mientras gira la cintura.

★ Disfrutar de su cuerpo en movimiento. El control cada vez más estable de su cuerpo implica que puede moverse con mayor confianza.

★ Pasar el peso de su cuerpo de un pie a otro. Para andar y correr, tu hijo necesita ser capaz de pasar el peso de su cuerpo de un pie a otro con confianza.

Dar una patada y salpicar Cada vez que dé una patada y que salpique en un charco embarrado o en una piscina hinchable, estará manteniendo el equilibrio sobre un pie y coordinando el otro, una buena práctica para aprender a caminar.

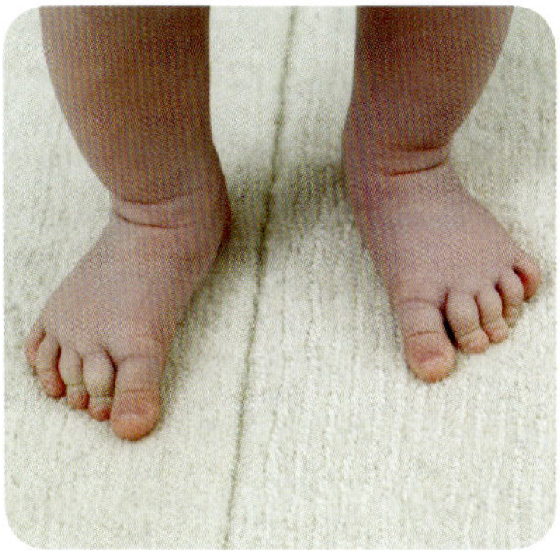

Información por los pies Cuando camina con los pies descalzos, tu hijo utiliza los dedos de los pies para mantener un paso más equilibrado, y su piel envía información sobre su postura al cerebro. Deja que vaya descalzo el mayor tiempo posible en casa y en superficies seguras en el exterior.

En movimiento

Actividades nuevas

Tu hijo está aprendiendo a escalar, a montarse en cosas y a tirarse por el tobogán. Su capacidad para corregirse y para evitar caídas se desarrolla con práctica. Pasarás mucho tiempo supervisándole en los columpios conforme aumenta su estabilidad.

Cómo ayudan estas actividades a tu hijo

Cuando le proporcionas constantemente oportunidades de montar en algo, de escalar, de flotar y de rebotar, le estás ayudando a:

★ Encontrar su equilibrio. La parte del cerebro de tu hijo responsable del equilibrio emplea la información que proporciona cada movimiento que hace para mejorar su estabilidad.

★ Coordinar sus movimientos. Tu hijo está manteniendo su cuerpo en ángulos diferentes y coordinando sus brazos y sus piernas para corregir su equilibrio.

★ Ganar seguridad en sí mismo. La sensación de perder el equilibrio puede resultar angustiosa. Cuantos más movimientos diferentes haga tu hijo, más dispuesto estará a intentar otros nuevos.

En marcha Los juguetes en los que se puede montar y los triciclos son ideales para proporcionar a tu hijo estabilidad mientras mantiene el equilibrio y se mueve, se detiene y vuelve a ponerse en marcha. Está coordinando los brazos, las piernas y los pies para mantenerse derecho.

Dimensiones diferentes Cuantos más movimientos diferentes experimente tu hijo más equilibrio desarrollará. En el parque deja que escale, que se deslice por el tobogán, que se suba a los columpios y al balancín, y permite que pruebe a saltar en una cama elástica infantil.

Flotar y moverse La flotabilidad que proporciona el agua permite que tu hijo experimente movimientos diferentes. Tira de él suavemente, levántalo y bájalo un poco, y muévelo en círculo para que descubra sensaciones nuevas.

CONSEJO

Permite que tu hijo vaya a su propio ritmo en la piscina e intenta que se divierta. Si tiene miedo de bucear no le obligues, sólo conseguirás que deje de gustarle jugar en el agua y te llevará mucho tiempo conseguir que le agrade de nuevo.

En movimiento

Subir y bajar las escaleras

Para tu hijo las escaleras son como una montaña, pero quiere intentar subir y bajar por ellas y ahora tiene la coordinación y el equilibrio suficientes como para hacerlo. Ayúdale a probar usando métodos diferentes, desde ir arrastrando el trasero a dar pequeños pasos lentos pero seguros.

Arrastrar el trasero Bajar los escalones con el trasero usando los brazos para apoyarse por detrás es una manera de bajar las escaleras, especialmente si ve cómo lo hace también alguno de sus hermanos mayores. No obstante, quédate siempre cerca, ya que podría caerse mientras aprende.

Mirando hacia adelante Subir y bajar escaleras sobre su barriguita o sujetándose a una barandilla de cara a los escalones puede parecerle el método más seguro. Quédate cerca y comprueba que los escalones estén libres de obstáculos.

Ayúdale Cogido de tu mano, tu hijo puede subir y bajar las escaleras poniendo los dos pies en cada escalón según avanza. Cuando adquiera confianza, puede que empiece a hacerlo solo, cogiéndose a la barandilla.

Cómo ayudan estas actividades a tu hijo

Confiando en su capacidad para mantener el equilibrio y animándole a subir y bajar escaleras, le estás ayudando a:

★ Acostumbrarse a los escalones. Ser capaz de dominar las escaleras es una habilidad clave de movilidad para un niño independiente.

★ Mejorar su coordinación. A cada paso hacia arriba o hacia abajo que da, tu hijo necesita utilizar el equilibrio y sincronizar sus movimientos.

★ Adquirir seguridad. Para tu hijo, un pequeño tramo de escaleras puede parecer una larga distancia. Cada vez que logre subirlas o bajarlas demuestra que tiene el suficiente autocontrol como para evitar caerse.

CONSEJO

Los gimnasios para niños con bloques blandos sobre los que escalar y alfombrillas acolchadas sobre las que caerse son ideales para que practiquen las habilidades necesarias para escalar y desarrollar el equilibrio.

En movimiento

Actividades desafiantes

Ahora tu hijo está lleno de energía y listo para ser más aventurero. Disfruta explorando el mundo que le rodea. Pon a prueba su nueva movilidad con actividades físicas y desafíos que le den la oportunidad de probar nuevos movimientos y de descubrir lo que es capaz de hacer.

Cómo ayudan estas actividades a tu hijo

Cuando le ofreces muchas posibilidades de experimentar juegos activos y desafiantes en diferentes espacios, le estás ayudando a:

★ Estirarse. Cuando se divierte intentará movimientos y ángulos nuevos sin apenas darse cuenta de que está haciendo algo diferente.

★ Desarrollar su resistencia. Cuanto más activo sea, más fuertes se volverán sus músculos y más se desarrollará su resistencia.

★ Educar a su cerebro sobre cómo se mueve y se coordina su cuerpo. Tu hijo está creciendo y, por lo tanto, la imagen mental que tiene de su cuerpo debe cambiar también. La información que le proporcionan sus sentidos mantiene a su cerebro al día.

Carrera de obstáculos Deja que tu hijo ponga a prueba sus habilidades en una carrera de obstáculos en el parque. Ayúdale a pasar por una rueda baja, o sujétale de la mano mientras se sube a los troncos de equilibrio o mientras pasa por un puente colgante.

DATO

Iniciar a tu hijo en el hábito de realizar actividad física desde pequeño reduce las posibilidades de padecer obesidad durante la infancia y le acostumbra a llevar una vida sana.

Bailando Cogidos de las manos o dando palmas juntos, tu hijo pronto empezará a mecerse y a moverse al ritmo de la música. Pon un CD de canciones infantiles, canta tú o ponle tus melodías preferidas para que empiece a bailar.

Arrastrándose Instala un túnel para niños o fingid que sois unos gusanos y arrastraos por el suelo. Mover las manos y las rodillas y arrastrarse sobre su estómago o sobre su espalda proporciona a tu hijo perspectivas diferentes.

Escalar y desenvolverse Utilizad las instalaciones del parque para realizar varios juegos de equilibrio. Quédate cerca (o sujétale de la mano) mientras escala por el parque de madera o jugad a una versión sencilla del escondite en el jardín.

Evaluar los riesgos

Día tras día tu hijo se va volviendo más aventurero. Puede que te sientas tentado a intervenir constantemente. Sin embargo, es importante que pruebe actividades nuevas, de modo que tienes que aprender cuándo debes hacerlo y cuándo debes mantenerte al margen y dejar que siga haciendo algo.

Ensayo y error La coordinación y la capacidad para caminar y escalar de tu hijo avanzará con la práctica constante. Esto significa que siempre existe algo de riesgo, ya que su equilibrio y sus pasos todavía no son seguros del todo, pero los tropiezos y las caídas forman parte de la experiencia del aprendizaje.

Cuándo intervenir Para el desarrollo de tu hijo, es importante que sus juegos le hagan perder de vez en cuando el equilibrio para que aprenda cómo debe mover correctamente los brazos y las piernas. El delicado equilibrio entre darle la oportunidad de poner a prueba su movilidad en desarrollo y mantenerle a salvo puede hacer que sientas ansiedad cada vez que se tambalee, que se tropiece o que se caiga. Habrá veces que tendrás la sensación de que algunos movimientos o alguna instalación del parque son demasiado peligrosos como para que lo intente solo. Guíale cogiéndole de las manos o de la cintura, o quédate lo bastante cerca como para cogerle antes de que se caiga.

Mantén la guardia Independientemente de lo que esté haciendo, es necesario que mantengas una supervisión constante para que tu hijo esté seguro y entretenido. Ahora querrá explorar toda la casa y el jardín. Comprueba que esos lugares a los que pensabas que antes no podía llegar son seguros.

En movimiento

Música y movimiento

Tu hijo desarrollará el ritmo de manera natural y empezará a moverse con la música de una manera espontánea y desinhibida. Comparte su placer mientras coordina sus movimientos al ritmo de una canción. Ponle tus canciones favoritas y bailad juntos para divertíos y para reforzar todavía más vuestro vínculo.

Cómo ayudan estas actividades a tu hijo

Cuando cantáis, bailáis y jugáis a juegos musicales juntos, le estás ayudando a:

★ Desarrollar su coordinación y aumentar su fuerza muscular. Las vueltas y los giros desafían su equilibrio mientras se mueve, y la actividad fortalece sus músculos y articulaciones.

★ Adoptar hábitos activos. Bailar es un modo excelente de hacer que tu hijo se mueva.

★ Desarrollar la seguridad. No existe una manera correcta de bailar. Anímale a probar todos los movimientos que quiera y elogia sus bailes.

También le ayudas a:

★ Mejorar su comunicación. Mientras tu hijo escucha y baila canciones diferentes, aprende sobre el funcionamiento de las frases, de las palabras y de las rimas.

★ Sentirse más próximo a ti. Los movimientos, el tacto y los ritmos compartidos refuerzan vuestro vínculo.

Siéntate y balancéate Tu hijo y tú también podéis disfrutar de movimientos más suaves al ritmo de una nana o de canciones lentas. Mueve las manos suavemente y balancéate o mécelo en tus brazos mientras cantas o mientras escucháis música.

Bailad juntos Cuando bailes con tu hijo, adaptad vuestros movimientos al ritmo de la música: dad pasos rápidos y giros cuando el ritmo sea rápido y meceos suavemente cuando sea lento.

Ritmo natural Tu hijo se moverá al son de la música sin pensarlo. Anímale a bailar como quiera y únete a él imitando sus movimientos, como si fueras su imagen en un espejo.

Juegos musicales Tu hijo querrá jugar una y otra vez cuando domine las acciones de los juegos de rimas musicales. Probad a jugar cantando «El corro de la patata» o el clásico «Vamos de paseo» mientras lo tienes en tu regazo o mientras guías sus manos para ayudarle a mantener el equilibrio.

Control manual

¡Salud!

La precisión de los movimientos de sus dedos y sus manos y el aumento de su coordinación óculo-manual implican que ya está preparado para probar a usar cubiertos y tazas fáciles de agarrar. Espera que lo ponga todo perdido, es posible que al principio la comida no llegue a la boca.

Cómo ayudan estas actividades a tu hijo

Dejando que coma solo con una cuchara siempre que pueda, dándole a probar alimentos diferentes y dejando que intente beber solo de un vaso, le estás ayudando a:

★ Perfeccionar su manera de agarrar los utensilios. Las diferentes texturas y consistencias de los alimentos hacen que tu hijo tenga que seguir adaptando su manera de coger la cuchara.

★ Mejorar la puntería. Cuantas más veces repita los movimientos de llevarse la comida y la bebida a la boca, mejor será su precisión.

★ Fomentar su independencia. Está decidido a hacerlo solo y obtiene una gran satisfacción en el proceso.

La cuchara a la boca Tu hijo está aprendiendo a meter la cuchara en la comida e intenta mantenerla nivelada el tiempo suficiente como para que llegue a su boca. Las cucharas fáciles de agarrar y la comida no demasiado líquida harán que el proceso le resulte más fácil.

DATO

A estas alturas, tu hijo no sólo ha mejorado su manera de agarrar los utensilios, sino que su muñeca también se ha vuelto más flexible, lo que le permite girar y dirigir la cuchara con más puntería.

Lo pondrá todo perdido Bien porque no acierta a llevarse la cuchara a la boca, bien porque se dedica a coger y a aplastar la comida con las manos, lo más probable es que siempre lo ponga todo perdido a la hora de comer. Intenta no darle demasiada importancia, es un efecto secundario natural al dejar que coma solo.

Comer con las manos Los picnics, tanto en espacios abiertos como en una manta en el suelo del salón, son ideales para probar nuevos alimentos que pueden comerse con las manos y para intentar beber con una taza de dos asas. Conforme su capacidad para agarrar las cosas se vuelva más precisa, empezará a alimentarse con más habilidad.

Comidas familiares

Está demostrado que cuando las familias comen reunidas, los niños tienen una dieta más sana y equilibrada y desarrollan el sentido de formar parte de un círculo social mediante la conversación, al mismo tiempo que aprenden palabras diferentes, ya que en la mesa suele tratarse una gran variedad de temas.

La hora de comer Los horarios establecidos forman una parte muy importante en la rutina de tu hijo. Al comer con él adquirirá vuestros buenos hábitos, como usar los cubiertos y tener modales en la mesa. Incluso si no podéis comer juntos todos los días, intentad organizaros para sentaros a comer juntos varias veces a la semana.

Haz que sea un momento social Resiste la tentación de hacer otras cosas mientras tu hijo está ocupado comiendo. Le gusta disfrutar de tu compañía y se portará mejor si estás cerca. Evita también comer delante de la televisión. Comer solo es un proceso muy complicado y necesita concentrarse en él, no en el programa que se esté emitiendo.

La hora de comer es un buen momento para socializar. Pon todo de tu parte para dar pie a que haya conversación apagando la televisión o la música, y para que tu hijo practique su habilidad para escuchar y responder.

Alrededor de la mesa Si podéis, sentaos a comer a la mesa. Sentarse derecho es bueno para la digestión y facilita el uso de los vasos y de los cubiertos. Coloca la sillita de comer de tu hijo junto a la mesa para que también se siente a vuestro lado.

Control manual

Juegos complicados

Tu hijo es cada vez más hábil a la hora de coger, examinar y girar los objetos más pequeños que encuentra. Esto conlleva una gran satisfacción y oportunidades para explorar más y para ser más independiente.

Cómo ayudan estas actividades a tu hijo

Cuando le das juguetes más pequeños y objetos que requieren movimientos más complicados, le estás ayudando a:

★ Desarrollar el control muscular fino. Tu hijo necesita practicar, mover y sujetar objetos con el pulgar y el índice para mejorar su agarre en pinza.

★ Realizar movimientos más precisos. Con la práctica, el agarre de tu hijo será más exacto y sus movimientos más sofisticados.

★ Hacer más cosas solo. Ahora que puede coger y girar objetos con el índice y el pulgar ya puede abrir puertas, sacar sus juguetes y comer solo de manera más independiente.

★ Ampliar la variedad de juegos. Al combinar la mejora de sus habilidades y el aumento de su imaginación, ahora puede jugar a cosas más complejas.

Coger y soltar Ahora tu hijo es capaz de usar las manos y los dedos de manera más precisa. Ofrécele juguetes más pequeños con partes móviles adaptados a su edad, o vigílalo mientras coge juguetes pequeños y los pasa de un contenedor a otro.

Enviar una carta Ahora que controla mejor la fuerza, tu hijo puede pasar las páginas de los libros de una en una, echar «cartas» hechas de trozos de cartulina en un buzón casero o utilizar dinero de juguete cuando juegue a las compras.

DATO

Las habilidades de tu bebé se coordinan para mejorar sus técnicas. Por ejemplo, al mejorar su concentración es capaz de fijarse más a la hora de realizar movimientos de la mano cada vez más complicados.

Girar Ahora que sus dedos trabajan coordinados, le encantará jugar con cosas complicadas con piezas que se puedan girar, mover y controlar. Deja que juegue con un taller para niños pequeños, un centro musical o un volante.

Juguetes para niños de uno a dos años y medio

Tu hijo se está desarrollando muy de prisa, y sus juguetes deben estar a la altura de sus habilidades, cada vez más sofisticadas.

Juguetes desafiantes Dale juguetes nuevos con actividades que pueda completar con un poco de esfuerzo junto con algunos de sus viejos juguetes favoritos para cuando se sienta frustrado. Lo más probable es que no juegue a un mismo juego durante demasiado tiempo, de modo que mantén un flujo constante de juguetes y de juegos para mantenerlo entretenido.

Una buena mezcla Intenta seleccionar juguetes que añadan variedad y los juegos que estimulen áreas diferentes de su desarrollo. Incluye juguetes que aumenten su juego activo y su movilidad, como los triciclos, los caballitos en los que se pueda montar y las pelotas para que las tire o las haga rodar por el suelo. Otras opciones que ayudan a refinar sus movimientos y su coordinación son los juguetes de bloques apilables, encajables o de construcción.

Juegos de pensar Estimula su pensamiento y su imaginación con puzles, marionetas, juegos de piezas encajables y cocinas y coches de juguete. También hay muchos juguetes y juegos que ayudan a desarrollar el habla y el lenguaje. Compra libros interactivos, mantas musicales e instrumentos, y teléfonos de juguete con los que pueda fingir que habla.

Juego social Desarrolla sus habilidades sociales jugando con él. Estableced turnos mientras tomáis café con los ositos de peluche. Háblale mientras juegas con él y sigue sus instrucciones en lugar de decirle lo que debe hacer.

Control manual

Desorden delicioso

Ahora que tu pequeño ha desarrollado el tacto le encantará ponerlo todo perdido cada vez que jugáis. Quiere utilizar las puntas de los dedos, las palmas y toda la mano para amasar, manipular y hacer cosas con los materiales que le des. ¡Hazlo tú también y entenderás por qué es tan tentador!

Cómo ayudan estas actividades a tu hijo

Cuando permites a tu niño que meta las manos en materiales fáciles de malear, le ayudas a:

★ Utilizar las manos con precisión. Tu pequeño está aprendiendo a unir y dar forma a materiales para crear estructuras simples como, por ejemplo, con la masa de repostería.

★ Experimentar sensaciones diferentes. Apretando, pellizcando, agitando, estirando y presionando, tu hijo descubre qué tacto tienen las cosas y cómo responden al modo en que las toca.

★ Estimular sus sentidos. Manipulando este tipo de materiales aprende sobre diferentes texturas y consistencias.

★ Jugar sin preocupaciones. Como tiene tu permiso para ponerlo todo perdido, puede concentrarse en jugar sin preocuparse por tu reacción.

DATO

Los juegos sensoriales ayudan a tu hijo a hacer importantes conexiones cerebrales y, a su vez, le enseña cómo la experimentación puede mejorar su aprendizaje, lo que le da una valiosa lección vital.

1 **Reúne todos los ingredientes:** 4 cucharadas de sal, un vasito de harina y 60 ml de agua. Pon la sal y la harina en un bol grande y mézclalas.

2 **Añade el agua poco a poco** al resto de ingredientes: necesitarás unos 60 ml o un poco más. Mézclalo todo con una cuchara mientras viertes el agua hasta que la mezcla esté lo suficientemente consistente.

3 **Trabaja la masa:** haz con la masa una bola dentro del cuenco y después sácala y colócala en una superficie dura. Empieza a amasarla con los nudillos. Dale a tu pequeño una bolita pequeña para que pueda apretarla y amasarla también.

4 **Estira la masa:** deja que el niño te ayude a estirar la masa con el rodillo. Guíale mientras cortáis formas utilizando vasos o cortadores divertidos. Dale más bolitas de masa para que haga figuras o animales.

De barro hasta las orejas Tu pequeño está utilizando las manos para crear, así que deja que sienta el barro en las manos mientras hace figuritas, cava en el jardín o utiliza su propia regadera para hacer un charco y chapotear en él.

Control manual

Hacer marcas

Da rienda suelta a la creatividad de tu pequeño con pinturas, ceras y tizas; y estarás haciendo que fortalezca manos y dedos. Para él es un desafío sujetar un pincel o una cera de color y moverlos a lo largo del papel, pero la satisfacción de crear esas primeras marcas vale la pena.

Cómo ayudan estas actividades a tu hijo

Cuando tu pequeño tiene una gran variedad de actividades y materiales artísticos que probar, le ayudas a:

★ Perfeccionar el control de sus manos y dedos. Hacer marcas con pintura, tiza o ceras mejora el control de sus pequeños músculos.

★ Hacer movimientos grandes y pequeños a la vez. Tu niño tiene que controlar a la par tanto las manos como los brazos para poder rayar sobre el papel.

★ Explorar texturas. Cuando mete las manos en la pintura, el barro o la arena, tu hijo aprende a sujetar, estrujar y amontonar.

Y también a:

★ Ser creativo. A partir de su primer dibujo o pintura, tu hijo descubrirá lo divertido que es expresarse a través del arte.

La huella de mi mano Pintar con los dedos es una manera estupenda de que tu hijo explore con las manos. Dale dos o tres colores, deja que meta la mano en la pintura y después la extienda en una lámina de papel grueso, o que imprima su mano en hojas de papel de cocina.

Hacer marcas simples Tu pequeño puede practicar cómo agarrar las cosas cogiendo pinceles gruesos o esponjas mojadas y disfrutará haciendo marcas grandes con agua en el suelo o en la arena. Si presiona con fuerza con cubos o piedras sobre el barro o la arena mojada podrá dejar marcas impresas.

Un ángulo diferente Cuando sea capaz de mantenerse de pie, a tu hijo le resultará más fácil dibujar en esta postura sobre una pizarra blanca o un caballete que sentado en una mesa. Puede hacer marcas, manchas o líneas simples utilizando rotuladores o pinceles grandes.

Puedo dibujar Su primer intento de controlar un utensilio de pintura lo hará con tizas de colores y ceras gruesas. Ayúdale a sostenerlas con el puño cerrado y garabatea con él sobre papel. Vigílale de cerca, ya que todavía no ha aprendido dónde está bien rayar y dónde no debe hacerlo.

Una y otra vez Es igual de satisfactorio para tu hijo borrar lo que ha dibujado que hacer el dibujo en sí. Ayúdale a limpiar la pizarra con una esponja húmeda o un paño y después observa cómo vuelve a llenarla de garabatos y remolinos.

Lateralidad manual: zurdo o diestro

Durante el primer año no estará claro del todo si tu hijo prefiere utilizar la mano izquierda o la derecha.

Una clara preferencia En los primeros meses, cuando está jugando o empezando a coger las cosas, tu pequeño utilizará para hacerlo la mano que tenga más cerca del objeto que quiere agarrar, en lugar de girarse o darse la vuelta para utilizar la mano preferente. Sin embargo, alrededor de los dieciocho meses empezarás a notar que utiliza más una de las dos manos y a los tres años su elección estará clara.

Una elección natural No se sabe la importancia que juega la influencia paterna en la lateralidad manual del niño, pero, en general, es aconsejable permitir que suceda de un modo natural. Si eres diestro, es muy probable que tu hijo lo sea también. Cuando uno de los dos progenitores es zurdo, más o menos el 50 por ciento de sus hijos lo serán también.

DATO

Ofrecerle la oportunidad de jugar creativamente enseña a tu hijo habilidades importantes para la vida, como la expresión de sí mismo y la importancia de aprender y mejorar a través de la práctica y el error.

Habilidades comunicativas

Señales con las manos

Tu pequeño es ya todo un experto haciendo señales con las manos. Está aprendiendo que pequeños movimientos y gestos permiten hacer entender mejor su mensaje y te ayudan a deducir lo que necesita. Poder señalar con el dedo lo que quiere o mostrar algo importante le motivará a aprender más.

Cómo ayudan estas actividades a tu hijo

Cuando utilizas muchos gestos al comunicarte con tu pequeño y responderle, le ayudas a:

★ Enriquecer su mensaje. Los gestos te dan más información para interpretar sus palabras y sonidos.

★ Aprender el significado de los gestos. Cuando ve y copia los sutiles movimientos de tus manos y tu cuerpo, aprende qué denotan cada uno de ellos.

★ Interactuar contigo. Dar y recibir significado a través de los gestos es parte de la naturaleza bidireccional de la comunicación.

Señalar y nombrar Carga de significado sus gestos animando a tu hijo a señalar las imágenes de un libro mientras tú las nombras o pídele que localice y señale diferentes objetos de casa.

DATO

Los hijos nacidos de embarazos múltiples normalmente aprenden a hablar más tarde que los nacidos de embarazos de un solo niño. Si les das atención individual siempre que sea posible, les ayudarás a desarrollar sus habilidades comunicativas.

Dar palmadas Aplaudir y los juegos de palmas implican gesticular siguiendo un ritmo. Estos juegos le enseñan otro modo de transmitir su mensaje por medio de señales y gestos.

Hola y adiós Enseña a tu pequeño que puede agitar la mano en situaciones diferentes. Despedíos así de una visita o llamad la atención de un amigo que se acerca. Hacedlo cuando digáis «adiós» a sus peluches, justo antes de guardarlos, e incluidlo en sus juegos imaginarios.

Preguntas y respuestas Enseña a tu pequeño diferentes gestos mientras habláis. Abre las manos y encoge los hombros mientras le haces una pregunta, mueve el dedo de un lado a otro para decir «no» y muestra las palmas para decir «alto». En seguida lo comprenderá y te copiará.

Cómo se desarrolla el lenguaje

Alrededor de los doce meses, tu pequeño te deleitará diciendo «mamá» o «papá» y sus balbuceos se transformarán poco a poco en palabras comprensibles.

Su vocabulario no deja de aumentar A los dieciocho meses tu hijo utilizará entre seis y veinte palabras y aprenderá otras rápidamente. La mayoría de ellas serán sustantivos como «leche» y «papi», en menor número aprenderá palabras que implican acciones o las que se utilizan en las descripciones, como «irse», «adiós» o «más». Unirá dos palabras para crear frases simples, como «mami irse», y gesticulará mientras habla para darle más sentido o énfasis. Sus gestos también son cada vez más complejos y utilizará su mirada para dirigir tu atención a lo que quiera.

Su palabra favorita será «no» ya que reafirma su independencia. También mantendrá pequeñas conversaciones consigo mismo, imitando la dualidad de una charla por medio de sonidos y palabras.

El entendimiento de tu pequeño A esta edad, tu hijo entiende más palabras de las que puede pronunciar. Responderá a instrucciones simples como «no» o «bébete la leche» y cuando le pidas que se señale la barriguita será capaz de hacerlo.

Habilidades comunicativas

Tengo ritmo

Tu pequeño hará música por mera diversión. Únete a él y disfruta también. Juntos extraeréis todo el jugo a esta experiencia. El ritmo, las rimas y los movimientos son una fuente de aprendizaje muy fructífera, así pues, incluye algo de música en el tiempo de juego diario de tu hijo.

Cómo ayudan estas actividades a tu hijo

Cuando das a tu hijo instrumentos que tocar y compartes con él rimas, música y canciones, le ayudas a:

★ Aprender el patrón del habla. Las rimas infantiles reflejan el ritmo de las frases y las conversaciones y ayudan al desarrollo del lenguaje de tu pequeño.

★ Expresarse. Los sonidos y bailes que hace tu hijo al ritmo de la música le proporcionan un modo de comunicarse contigo sin utilizar las palabras.

★ Copiarte. Tu hijo está aprendiendo a emitir sonidos y pronunciar palabras por medo de mirar tu boca y lengua cuando hablas. Si le recitas cara a cara un poema a la hora de irse a dormir, podrá verte de cerca y aprender.

Y también a:

★ Anticipar qué viene a continuación. La naturaleza predecible de una rima o canción que le resulta familiar permite a tu pequeño pensar con anticipación y entusiasmarse con lo que viene a continuación.

Hacer música Tu hijo disfrutará con instrumentos musicales hechos en casa, como unas maracas o unos tambores. Experimenta con sonidos diferentes, describe cada uno de ellos como flojo o fuerte y nombra el instrumento mientras lo probáis.

Ritmo natural Sácate de la manga unos tambores con unas cacerolas, unas sartenes y una cuchara de madera como baqueta. Prueba a tocar despacio y pon una cara triste, después toca rápido y pon una cara alegre o de entusiasmo para ayudar enseñar a tu hijo que la música puede comunicar un estado de ánimo.

Rasguear A tu bebé le encantará puntear o rozar las cuerdas de una guitarra infantil y emitir diferentes sonidos. Esta actividad le permite combinar el amor por la música con la habilidad para coordinar movimientos más precisos de su mano.

Rimas y repeticiones Las canciones infantiles están repletas de oportunidades para comunicarse. Cántale sus favoritas, como «El barquito chiquitito», y repíteselas una y otra vez. Él seguirá los versos y se anticipará a cada acción con entusiasmo.

Cómo afecta la música a su desarrollo

No cabe duda de que a los bebés y los niños pequeños les gusta por naturaleza escuchar música y moverse al ritmo. Pero además de ser un simple divertimento, los beneficios que proporciona la música al desarrollo de tu hijo saltan a la vista en el modo en que se comunica con otros y se expresa.

Palabras y ritmos Las canciones y los versos le ayudan a incrementar su vocabulario; le enseñan los patrones y ritmos del habla; y conllevan períodos de espera y escucha, esenciales para una comunicación fluida.

La música y los estados de ánimo Escuchar música tiene una influencia notable en el ánimo y las reacciones de tu hijo. Cuando era un bebé, se dormía con tus nanas y arrullos. Ahora que ha crecido un poco, se relajará si le pones música tranquila, lenta y suave; y rebosará de energía cuando escuche un ritmo intenso de batería o una canción marchosa.

Comunicación Hay un componente social en hacer música y cantar. Tu pequeño construirá relaciones a través de compartir rimas, bailar o jugar a tocar un instrumento, ya sea contigo como con otros niños de su grupo de juegos.

Beneficios para niños de mayor edad No se sabe a ciencia cierta si la música mejora el desarrollo del cerebro de los niños a esta edad, ya que no hay muchos estudios al respecto. Sin embargo, son varios los estudios que indican las ventajas que supone la exposición de forma regular de un niño a partir de tres años a la música, como un incremento en sus habilidades matemáticas o una mayor conciencia de las dimensiones y el espacio.

Diversión y música Tocar música por mero placer es lo que motiva a tu pequeño. Proporciónale varios instrumentos y él mismo elegirá su favorito.

Capacidad cerebral

¿Esto qué hace?

Tu pequeño curioso está descubriendo cómo las cosas encajan entre sí, se separan, caen y se balancean. Necesita repetir las tareas una y otra vez, por ello deja que siga intentándolo, incluso cuando veas que se enfrenta a una misión casi imposible.

Cómo ayudan estas actividades a tu hijo

Cuando dejas que tu hijo explore y experimente cómo funcionan las cosas, le ayudas a:

★ Entender el concepto de «categoría». Tu pequeño empieza a ver cómo se agrupan las cosas y a comprender diferentes tipos de objetos.

★ Concebir la idea de «representación». Tu hijo se da cuenta de que los juguetes representan objetos reales y de que puede jugar con ellos como versiones de sus equivalentes de tamaño natural.

★ Entender las propiedades de los objetos. Está experimentando con los tamaños, la gravedad, el equilibrio y otros conceptos que le ayudan a entender cómo funcionan las cosas.

Encajar Tu pequeño está empezando a entender que las cosas pueden ser más grandes o más pequeñas con respecto a otras. Proporciónale varios puzles simples con agarradores y cubos de diferentes tamaños para ayudarle a entender cómo encajan las cosas.

Causa y efecto Tu hijo está descubriendo que puede provocar que sucedan cosas. Ofrécele juguetes con partes móviles que saltan o centros de actividad de los que responden a las acciones, con cajas que se abren y luces que se encienden.

Establecer conexiones Tu hijo comienza a agrupar juguetes y ver conexiones. Ayúdale a ordenar los diferentes tipos de juguetes, como coches y animales, y únelos para hacer uno solo, por ejemplo un tren.

Apilar Tu pequeño quiere saber cómo se conectan las cosas, se apilan y caen. Proporciónale cubos de construcción y juguetes apilables. Está preparado para construir torres y disfrutar del efecto que se siente al derribarlas de un golpe.

Como uno de verdad Los juegos de tu hijo te muestran que ha hecho la conexión entre los objetos reales y sus versiones de juguete: cuando arrastra un coche por un caminito o mete un peluche en su cama.

Capacidad cerebral

Ordenar por tamaños

Tu joven científico está preparado para experimentar: está descubriendo los conceptos de tamaño, forma y posición por medio del juego. Necesitará algo de persistencia para comprender estas ideas y es posible que se frustre mientras aprende a través de la práctica y el error.

Construir Los cubos grandes hacen que ver y sentir los diferentes tamaños sea más fácil. Se sentirá muy satisfecho con la sensación de apilarlos y entender la idea de grande, más grande y el más grande de todos. No interfieras, sólo anímale mientras practica y se equivoca hasta que consiga darse cuenta de que su torre será más sólida si pone los bloques más grandes en la base.

Cómo ayudan estas actividades a tu hijo

Cuando das a tu pequeño juegos y juguetes que permiten la práctica con las formas, los tamaños y las posiciones, le ayudas a:

★ Entender conceptos sobre algunas relaciones físicas, que resultan esenciales en el día a día. Incluso para poder cumplir instrucciones tan simples como «dame el peluche grande» o «pon el vaso en la mesa» necesita entender estas ideas.

★ Descubrir a través de la experiencia. El aprendizaje por medio del ensayo y el error es un método poderoso ya que aprende a través de sus propias soluciones a los problemas.

★ Sobrellevar el sentido de la frustración, por ejemplo, cuando al empezar no encuentra la forma que encaja en el cubo clasificador.

DATO

Los estudios revelan que los bebés tienden a entender conceptos como el espacio o la cantidad antes de poder hablar o expresar sus conocimientos.

Capacidad cerebral

Imagínalo

La imaginación de tu pequeño está a punto de despegar ahora que empieza a imitar lo que ve y oye. Copiará lo que haces, simulará ser otra persona por medio de la ropa y mostrará su lado más tierno arropando a su peluche.

Cómo ayudan estas actividades a tu hijo

Los juegos imaginativos son realmente divertidos para él, pero también puede aprender con ellos. Le ayudan a:

★ Ejercitar su imaginación. Se sabe que estos juegos incrementan su creatividad y esto, a su vez, le ayuda a resolver problemas cuando es más mayor.

★ Practicar muchísimos conceptos tales como «dentro y fuera», «abierto y cerrado»; y «encima y debajo» mientras juega con su cocina de juguete o su banco de trabajo, o finge que alimenta a sus peluches.

★ Entender los roles sociales. Cuando simula escenas familiares que ha visto en casa, está aprendiendo cómo los adultos importantes de su vida se relacionan entre sí.

★ Identificarse contigo mientras copia tu comportamiento. En el proceso, además, descubre que es un individuo independiente de ti.

★ Sentirse próximo a ti. Mientras te «ayuda» en casa con sus versiones lúdicas de tus tareas, está reforzando el lazo que existe entre vosotros.

¿Hola? Dale vida a su juego y vuestra comunicación simulando que respondes al teléfono cuando tu pequeño finja hacer una llamada. También puedes representar que eres su familiar favorito cuando aparentes que descuelgas.

¿Quién soy? Al ponerse un sombrero o colocarse varias prendas de ropa, tu hijo simulará ser otra persona. Cuando esté listo, léele una historia relacionada con su personaje.

¿Quién viene a cenar? Tu pequeño copia todo lo que haces. Deja que se evada en su rinconcito con las cazuelas y las sartenes, juega con él a ir de compras al mercado o ayúdale a meter a su peluche en un carrito.

Capacidad cerebral

¿Dónde está?

La curiosidad de tu pequeño es una fuerza impulsora. Necesita saber qué pasa cuando los juguetes se caen, se desplazan de su sitio o no pueden verse, para así poder prever cómo se mueven. Utilizará esta información para crear mapas mentales que den sentido a su mundo.

Búsqueda Tu hijo entiende que los mejores sitios para esconderse son debajo y detrás de las cosas y empezará su búsqueda allí. Esconde varios juguetes o figuras de acción en su caja de los juguetes o en un paquete de cereales y pídele que los encuentre.

Mira, toca y encuentra Pon algunos juguetes y objetos de uso cotidiano bajo un paño y anima a tu pequeño a meter las manos bajo el trapo y sentir lo que hay debajo. Pregúntale sobre cada objeto: «¿Es un coche?» o «¿Es un cubo?», y nombra lo que es cuando lo saque.

Cómo ayudan estas actividades a tu hijo

Jugar con tu hijo a juegos o actividades relacionados con esconder objetos que impliquen a su vez los conceptos de «encima», «debajo», «a través» y «detrás» ayuda al niño a:

★ Planear sus acciones. Tu pequeño está aprendiendo desde la experiencia y la resolución activa de problemas. Ahora buscará un juguete oculto debajo o detrás de otros objetos, en lugar de hacerlo simplemente a su alrededor.

★ Ser consciente del tamaño y del espacio. Cuando tu hijo intenta meter una carta en una ranura, está perfeccionando su comprensión de los conceptos «dentro», «fuera» y «a través».

★ Aprender las propiedades de los objetos. Tu hijo está aprendiendo el comportamiento de los objetos. Se da cuenta de que un juguete no desaparece sin más, sino que cae de un modo predecible y sigue ocupando un espacio, por ejemplo, formando un bulto bajo un paño.

CONSEJO

Intenta encontrar el equilibrio entre permitir que tu hijo sacie su curiosidad, sana y natural, mientras que a su vez te cercioras de que está seguro mientras juega.

Capacidad cerebral

Reforzar la memoria

Tu hijo utiliza su memoria de trabajo para retener instrucciones y pasar información a su memoria a largo plazo para almacenarla así permanentemente. Verás su memoria en acción cuando recuerde dónde se encuentra un juguete o dónde está una habitación.

Cómo ayudan estas actividades a tu hijo

Cuando das instrucciones simples, utilizas palabras familiares, mencionas su nombre y señalas algo mientras hablas, le ayudas a:

★ Usar su memoria de trabajo. Cuantas más pistas y claves des a tu pequeño, mayor facilidad tendrá para retener una instrucción en su memoria de trabajo y hacer lo que le pides.

★ Usar su memoria a largo plazo. Cuando repites la misma instrucción, actividad o rutina una y otra vez, ayudas a tu hijo a almacenar esa información permanentemente en su memoria a largo plazo.

★ Crear un mapa. Su mapa mental crece a medida que aprende la distribución de la casa y reconoce las rutas a sus sitios favoritos, como el parque.

Y también a:

★ Tener una rutina. Cuando le pides a tu pequeño que se ponga el gorrito a la misma hora cada día, acaba por entender lo que se espera de él.

Tráelo aquí Ejercita la memoria de tu hijo pidiéndole que encuentre un juguete con el que juegue mucho. Por ejemplo, dile: «Por favor, tráeme tu peluche». Necesitará recordar dónde lo puso y encontrar el lugar para completar tu instrucción.

Encontrar el camino Ayuda a tu pequeño a aprender la distribución de casa. Organízale una «búsqueda del tesoro» y pídele que te lleve a la habitación o al baño, o que encuentre los juguetes escondidos. Di el nombre de cada cuarto y describe para qué se utiliza cada uno.

¿Dónde está? Tu pequeño está listo para unas cuantas tareas prácticas. Pídele que te traiga sus zapatos o su gorrito como una rutina cuando vais a salir. Repite las mismas palabras cada vez y asegúrate de que los objetos se encuentren siempre en el mismo sitio.

Encuéntralo Tu hijo está aprendiendo que muchos objetos tienen una utilidad. Hazlo patente en tus instrucciones pidiéndole que encuentre un vaso o un cuenco para «la merienda de las muñecas». Ayúdale las primeras veces que se lo pidas.

Libro de recuerdos infantiles

Los primeros años de tu pequeño pasan rápido y probablemente quedarán en tu memoria como un cúmulo borroso de actividad incesante. Captura estos primeros recuerdos para que podáis rememorarlos en el futuro, por medio de diarios, fotografías, grabaciones y atesorando recuerdos.

Para tu hijo Tu pequeño está fascinado consigo mismo y le encantará ver fotos, grabaciones y recuerdos de todo lo que ha hecho. Hazle un libro de recuerdos para que pueda hojearlo él mismo, eso sí, procura que sea robusto ya que no será demasiado cuidadoso con él. Coloca copias de fotos suyas, de familiares y amigos próximos, y de lugares en los que ha estado. Incluye certificados de sus clases de natación para bebés o la impresión de su mano y su pie.

Recuerdos para ti Conseguirás una maravillosa colección de recuerdos coleccionando objetos que te recuerden a tu pequeño. Utiliza una caja especial y guarda en ella sus primeros zapatos, una lámina con la impresión de sus manos, su primer garabato y recuerdos de sus primeras vacaciones. Escribe un diario durante sus primeros años, pon en él fotografías y apunta sus hitos y las cosas graciosas que diga o haga. Cuando tú y tu hijo le echéis un vistazo en el futuro, os traerá a la mente de un modo intenso esta época de vuestras vidas.

De los 19 meses a los 2 años

TU HIJO ACTIVO

Conforme tu hijo se acerca a los dos años, su personalidad empieza a emerger. También empieza a participar en el mundo de manera activa, tanto de un modo social como práctico, según aprende a jugar en grupos más numerosos a juegos todavía más complejos.

TU BEBÉ SOCIAL

Tu hijo no para y necesita estar ocupado todo el tiempo jugando, tanto dentro de casa como fuera. Conforme su seguridad y su sociabilidad van aumentando empezará a sentirse cada vez más cómodo en compañía de otros niños y le gustará jugar en grupo, cosa que le mantendrá bien estimulado. Puede que veas que también se vuelve más sociable en general, y que converse alegremente con otros adultos que conozca.

Cuando tenga dos años empezarás a detectar emociones complejas como la ansiedad y la determinación en su expresión y en su lenguaje corporal, pero todavía no será capaz de ponerles nombre. Esto puede causarle frustración. Y esta frustración unida a un aumento de la sensibilidad dará paso al inicio de las pataletas. Las pataletas también surgen a causa de la frustración que siente cuando no consigue hacerse entender y son su método preferido para demostrarte su enfado cuando le dices que «no» a algo. Ser consciente de cuándo está cansado o hambriento o en qué situaciones suele exaltarse y evitar posibles conflictos en estos momentos ayuda a minimizar estas rabietas. Por otro lado, también advertirás una nueva cara cariñosa, que generalmente expresará cuando esté jugando, por ejemplo, al arropar a sus ositos en la cama.

Cada vez más social A lo largo de este segundo año, tu hijo se acostumbrará cada vez más a jugar junto a otros niños.

EN MOVIMIENTO

Tu hijo necesita equilibrio cuando empieza a correr, a saltar, a escalar y a dar patadas. Esto requiere la información por parte de lo que ve, la respuesta de sus músculos y la información recibida por parte del sistema vestibular, el encargado del equilibrio, que se encuentra en el interior del oído y que indica si se está moviendo o si está parado. Su cerebro funciona a toda velocidad para asimilar todas estas señales y cómo encajan unas con otras, y todo se acaba logrando con muchos juegos. Los columpios, los toboganes, las camas elásticas, los balancines, saltar y rebotar proporcionan la experiencia de cómo se coordinan estos tres conjuntos de señales.

La postura perfecta Cuando tu pequeño consiga dominar su equilibrio, conseguirá realizar acciones que requieran estabilidad y concentración.

Una vez que su equilibrio es más estable y que tu hijo se siente seguro a la hora de andar y de correr, experimentará la emoción de escalar y, cuando cumpla dos años, podrá empezar a darle patadas a un balón.

CONTROL MANUAL

Conforme tu hijo se acerca a los dos años, su control de las manos se volverá más refinado. Empezará a pasar las páginas de los libros, a abrochar botones grandes y prendas con velcro y a dejar su marca con ceras o pinceles. Aunque antes cogía los colores poniendo la mano en forma de puño, a finales de su segundo año de vida empezará a agarrarlos con forma de «trípode» entre el pulgar y dos de sus dedos. Además, la flexibilidad cada vez más desarrollada de su muñeca le permitirá empezar a dibujar, ya que será capaz de dirigir la cera o el pincel en direcciones diferentes. Su mayor coordinación óculo-manual implicará también que su puntería mejore de manera considerable, y es posible que empiece a lanzar una pelota en la dirección que desee, o que utilice un martillo de plástico para clavar clavos de juguete en sus correspondientes agujeros. Los ladrillos encajables, los juguetes de construcción y los bloques de construcción empiezan a interesarle más ahora que sabe cómo encajar las piezas y que tiene la estabilidad suficiente como para construir torres de varios pisos.

HABILIDADES COMUNICATIVAS

Desde sus primeros intentos de hacerte llegar su mensaje llorando, gorjeando o balbuceando, a sus primeras palabras y sus frases simples, poco a poco ha ido encontrando su voz, y le gustará ver cómo reaccionas al oírle. Hacia los dos años, tendrá un vocabulario de unas doscientas palabras y será capaz de unir dos o más para formar frases sencillas como «Quiero leche». Cuanto más le hables, más rápido irá adquiriendo palabras nuevas.

Su comprensión de ideas más complejas también está mejorando rápidamente, y a los dos años será capaz de obedecer instrucciones simples como «Tráeme la taza», o puede que decida imponer su autoridad y que se niegue a hacerlo.

A partir de los dieciocho meses empezará a utilizar todavía más gestos para indicar lo que quiere; generalmente se trata de movimientos de la mano y del brazo que copiará directamente de ti.

CAPACIDAD CEREBRAL

Acaba de descubrir que las cosas tienen propiedades, como el color o el tamaño, y que pueden ser iguales o diferentes. Entre los dieciocho meses y los dos años, disfrutará ordenando cosas según sus propiedades según vaya aumentando este entendimiento. También le gustará hacer puzles más complicados según vaya desarrollándose su capacidad para resolver problemas. Su sentido de la lógica también está aumentando, pero no siempre atribuirá la razón correcta a por qué pasan ciertas cosas.

Hacia su segundo año de vida, su mundo imaginario aumenta. Se identificará con los personajes de los cuentos, mostrará interés en lo que sucede en ellos y jugará a disfrazarse o representará las historias con sus muñecos. Es posible que tu influencia también esté presente en sus juegos imaginarios, ya que le encantará representar escenas de la vida familiar.

Control mejorado Tu hijo empieza a coger los instrumentos de un modo más adulto utilizando el pulgar, el índice y el corazón.

Sus mundos Tu hijo quedará enfrascado en su mundo imaginario a menudo. Le encantará jugar a las granjas y a otros mundos en miniatura.

En marcha No habrá nada que le guste más que correr por ahí con su triciclo, su primer patinete o su tractor de juguete. Intenta pasar todo el tiempo posible fuera de casa para que pueda utilizar estos vehículos y mantenerse activo, contento y rebosante de energía.

Tu bebé social

Actuando

Tu pequeño actor está listo para explorar las relaciones sociales en su mundo de fantasía. Copiará las palabras, las acciones y la interacción que vea a su alrededor. Tu hijo es un gran observador y es posible que imite tu voz y tus gestos para deleite de aquellos que le estén observando.

Cómo ayudan estas actividades a tu hijo

Al proporcionarle muchos utensilios cuando esté representando un rol, le estás ayudando a:

★ Desarrollar sus habilidades sociales. El juego imaginativo permite a tu hijo practicar comportamientos sociales antes de tener que utilizarlos en situaciones de la vida real.

★ Desarrollar la noción de los demás. El hecho de que sea capaz de observar e imitar el comportamiento cariñoso de otras personas indica que está desarrollando la empatía.

★ Experimentar con roles sociales diferentes. Jugando a ser el papá o la mamá de sus juguetes, tu hijo está practicando un papel que le ayuda a ser más consciente de sí mismo y de los demás.

★ Disfrutar de su tiempo contigo. Al principio, tu hijo querrá incluirte en sus juegos imaginarios. A los dos años, le encantará que le observes jugar.

DATO

Además de ayudarle a desarrollar su creatividad y su comprensión social, los juegos de roles, incluidos los amigos imaginarios, se cree que ayudan a que los niños se enfrenten a situaciones de estrés.

Hora de cenar Los juegos imaginarios de tu hijo se centrarán en escenas familiares, como las horas de las comidas. Dale vasos y platos de plástico para que pueda preparar un picnic con sus ositos o sugiérele que invite a pizza a todas sus figuritas de acción.

En la intimidad Estar en un espacio reducido, oculto o cubierto puede resultarle de lo más emocionante y le gustará estar metido en su «casa» de cartón, o bajo una mesa cubierta por una sábana. Una vez dentro empezará a jugar con su familia de juguetes.

Rutinas Tu hijo querrá que sus muñecos tengan una rutina como la suya. Puede que te sorprenda lo bien que imita lo que tú sueles decir o hacer cuando meta sus muñecos en la cama o les dé un baño en la pila del lavabo.

Relaciones Es posible que oigas cómo tu hijo da instrucciones a sus juguetes como «¡Vale ya!» o «¡Venga!» en un tono muy parecido al tuyo. También representará otros escenarios sujetando muñecos cara a cara como si hablasen entre ellos.

Cuidador Cuando empiece a ser consciente de los sentimientos de otras personas, tu hijo empezará a representar rituales de cuidados. Proporciónale juguetes que le ayuden a desarrollar este papel, como muñecas o peluches que pueda acunar, biberones para que les dé de comer y una cuna o un carrito para que los arrope.

Tu bebé social

Mundos en miniatura

Tu hijo está ejercitando su imaginación en sus mundos en «miniatura». Les está dando voz y vida a las personas y los animales de juguete, y a sí mismo cuando se disfraza. Todo esto le ayuda a aprender sobre el comportamiento y las relaciones.

Cómo ayudan estas actividades a tu hijo

Con una caja de figuritas, de animales, una granja, un zoo o un disfraz sencillo, tu hijo está:

★ Desarrollando su concepto de representación. Cuando tu hijo da voz y vida a sus figuras les está atribuyendo cualidades sociales y las utiliza para representar a personas «reales».

★ Probar nuevos comportamientos. Disfrazarse le proporciona la oportunidad de probar a ser otra persona y de exagerar su voz y sus acciones.

★ Observar y copiar a los demás. Observando el juego imaginativo de otros niños más mayores, tu hijo tiene la posibilidad de copiar ideas y escenarios más complejos.

Mini yo Tu hijo está empezando a utilizar figuritas para representarse a sí mismo y al resto de la familia. Cuando tenga dos años, disfrutará colocándolas a cada una en el sitio que le corresponde en su casa de muñecas, en el autobús o en el coche.

Participando Es posible que otros niños más mayores y con más experiencia en juegos imaginarios inviten a tu hijo a participar en sus actividades. Tu pequeño observará cómo mueven las figuritas y cómo imitan las voces de los animales de la granja o del zoo y los imitará después.

Pruébatelo Cuando tu hijo empiece a mostrar interés por los disfraces, ayúdale a vestirse de animales o de personajes que haya visto en sus cuentos o en programas de televisión. Habla con él como si fuese el personaje del que va vestido, o léele una historia sobre el mismo.

CONSEJO

Animarle a adoptar roles jugando puede ayudar al desarrollo emocional de tu hijo ya que le proporciona un foro en el que exteriorizar emociones que pueden resultarle difíciles de verbalizar.

Tu bebé social

Salir corriendo y volver

Aunque ahora sea más independiente, tu hijo necesitará que estés cerca cuando se aleje. Tu presencia le permite concentrarse y sentirse seguro. Intentará constantemente que le prestes atención, te llamará o se acercará para comprobar que sigues ahí.

Mira cómo juego Tu hijo está preparado para jugar en el cajón de arena o con una caja de juguetes en una habitación siempre que tú estés cerca. Cada vez se siente más seguro, pero si te ve cada vez que levante la vista o si sabe que acudirás en cuanto te llame jugará de una manera más despreocupada.

Cómo ayudan estas actividades a tu hijo

Al estar cerca vigilándole mientras juega, le estás ayudando a:

- ★ Sentirse seguro de alejarse para jugar. Todavía se siente muy dependiente de ti, pero ahora puede retenerte en su mente, lo que le permite alejarse un poco más de tu lado para jugar.
- ★ Utilizarte como base segura. Necesita verte o tocarte cada cierto tiempo para comprobar que sigues ahí para él.
- ★ Concentrarse en divertirse. Cuando sabe que le estás vigilando, tu hijo se entrega por completo al juego en lugar de estar en guardia.

Cerca y lejos Tu hijo se mantendrá siempre en tu campo de visión, pero si está cansado o inquieto permanecerá más cerca. Es normal que haya días en que se sienta más independiente y días que esté más pegado a ti.

¿Estás ahí? Cuando mantienes el contacto con tu hijo mientras juega, saludándole o acercándote para comentarle algo o para elogiar lo que está haciendo, le recuerdas que estás todo el tiempo pensando en él.

En movimiento

Iniciándose en los juegos con pelota

Tu hijo activo ha empezado a correr, a saltar y a dar patadas para ejercitar su coordinación recién desarrollada. Los juegos con balones y pelotas le dan la oportunidad perfecta de disfrutar jugando contigo y de perfeccionar estas nuevas habilidades físicas.

Cómo ayudan estas actividades a tu hijo

Jugando a lanzar, a hacer rodar o a pegar patadas a una pelota le estás ayudando a:

★ Desarrollar su equilibrio. Pasando el peso de un pie al otro o inclinando el cuerpo para lanzarla mejora su estabilidad.

★ Trabajar la coordinación óculo-manual. Está utilizando la información que le proporcionan sus ojos y la respuesta de sus músculos para mejorar la puntería de su lanzamiento.

★ Mejorar sus movimientos. Está utilizando sus músculos para ejercer fuerza e iniciar una trayectoria mientras hace que la pelota ruede.

Y también a:

★ Jugar en equipo. Los juegos sociales requieren de cooperación y de toma de turnos.

Apuntar Haz que tu hijo golpee una pelota con un bate grande de espuma o con una raqueta ligera. Los juegos de baloncesto o de bolos para niños ayudan a afinar su puntería. Estos juegos le permitirán mejorar su coordinación.

Dale una patada Sus primeras patadas serán más un empujón con el pie que un golpe completo. Anímale a seguir intentándolo con una pelota de playa grande y con una portería pequeña como objetivo, o haz de portero y dile que dispare hacia ti.

Cómo juegan los niños y las niñas

Tanto si tienes un niño como una niña, se lo pasará en grande con las carreras, los saltos y las escaladas que implican los juegos activos. En este momento es demasiado pronto para advertir diferencias de género importantes a la hora de jugar, aunque éstas empiezan a surgir más adelante.

Primeras diferencias Al comparar a tu hijo menor de dos años con otro niño del sexo opuesto, es posible que veas algunas diferencias en su modo de jugar y su desarrollo. Pero esto se debe más a que sean dos individuos distintos que a que sean de distinto sexo. A esta edad los niños y las niñas tienden a ser igual de curiosos, activos y juguetones, y las únicas diferencias entre ellos surgen más de su personalidad y sus preferencias que de su sexo o de tu influencia como padre.

Conforme van creciendo No obstante, las diferencias físicas entre los niños y las niñas acabarán surgiendo conforme vayan creciendo. Los estudios han demostrado que de los tres años en adelante, los niños suelen interesarse más por los juegos bruscos y violentos que las niñas. En sus juegos imaginativos, las niñas tienden a escenificar escenas domésticas, mientras que los niños prefieren imitar a sus personajes preferidos de los libros y de la televisión.

Lánzala Las pelotas blandas y los saquitos rellenos con una asa de tela son fáciles de coger y animan a tu hijo a lanzarlos, hacerlos rebotar y rodar por el suelo. Empieza a practicar lanzándolos con él; lo de aprender a cogerlos vendrá más adelante.

En movimiento

Juegos de acción

Tu intrépido escalador no para ni un minuto. Disfruta del aumento de su fuerza, coordinación y capacidad para utilizar las instalaciones del parque para impulsarse y moverse. Únete a él mientras se desliza, salta, se mece o escala.

Cómo ayudan estas actividades a tu hijo

Animando a tu hijo a moverse, deslizarse, saltar y escalar, le estás ayudando a:

★ Utilizar los grupos de músculos grandes. Los movimientos extensos y el juego activo aumentan la fuerza y la coordinación de los músculos del tronco, de los hombros, de las piernas y de los brazos.

★ Mejorar su conciencia del espacio. Mientras desciende por el tobogán o se cae hacia un lado y vuelve a enderezarse se está adaptando a moverse en dimensiones distintas.

★ Disfrutar del movimiento. Tu hijo siente una gran emoción al volar por los aires, al saltar y al deslizarse.

Arriba y abajo El equilibrio de tu hijo está mejorando y será capaz de subir y de bajar las escaleras con tu ayuda o tu supervisión. Cuenta cada paso que da para darle una sensación de logro.

¡Arriba! Tu pequeño siente que vuela cuando le cogéis de los brazos y lo levantáis entre los dos. Pronto empezará a insistiros para que lo levantéis cuando vayáis de paseo.

Rebotar y rebotar Ahora que tu hijo sabe agacharse y levantarse puede saltar en cualquier superficie elástica. Una cama o un sofá son ideales para hacerlo, pero decide si es ése el uso que quieres que tengan tus muebles.

Subir y deslizarse El tobogán suele ser uno de los columpios preferidos de los niños por la emoción que sienten al caer. Sus músculos trabajan para mantenerle derecho y detenerle cuando llega al final, pero no será consciente de ello mientras disfruta del descenso.

Saltar Cuando sea capaz de saltar con los dos pies juntos, tu hijo estará listo para probar la cama elástica. La barra le proporciona la estabilidad necesaria para saltar más alto con la seguridad de que le mantendrá equilibrado.

Empujándose Los juguetes en los que se puede montar y los triciclos son un modo ideal de que tu hijo se desplace. Todavía no está preparado para pedalear, pero se impulsará hacia adelante, primero con los dos pies, y después empezará a alternarlos como si caminase.

Intentad ser una familia activa

A tu hijo le encanta ser activo, pero le gustará todavía más que participe toda la familia.

Haced el esfuerzo Puede resultar difícil incluir los juegos activos en vuestro estilo de vida, pero el 75 por ciento de las familias confiesa que les gustaría realizar más actividades físicas juntos.

Actividad diaria La clave está en buscar pequeñas oportunidades para moverse todos los días. No hace falta que salgáis durante todo el día ni que corráis durante horas para disfrutar de las ventajas de ser activos. Los expertos aseguran que sólo quince minutos de juegos activos familiares al día suponen una gran diferencia a la hora de que los niños se mantengan en un peso adecuado, y que los pequeños deberían disfrutar de al menos sesenta minutos de juegos al día en total, incluidos los «juegos familiares».

Juegos rápidos en casa Jugad a peleas de globos o usad las manos y los pies para evitar que toquen el suelo. Bailad al son de la música o jugad a los bolos o al escondite.

Actividades exteriores Probad a jugar a la caza del tesoro; soplad e intentad capturar las burbujas de jabón que flotan en el aire; jugad al pilla-pilla, pero deja que tu hijo te alcance de vez en cuando; y realizad también juegos que impliquen lanzar o pegar patadas a un balón. Siempre que os sea posible, id al campo o a un parque o pasead al perro juntos.

Control manual

Coordinar los ojos y las manos

La coordinación óculo-manual de tu hijo ha mejorado y el aumento del control de los músculos finos de sus manos y de sus dedos le ayuda a explorar objetos y juguetes con mayor precisión.

Cómo ayudan estas actividades a tu hijo

Cuando mantienes sus manos ocupadas con juegos y actividades que requieren pequeños movimientos y precisión, le estás ayudando a:

★ Coordinar los ojos y las manos. La precisión de sus movimientos finos todavía se está desarrollando, y depende de la información que le proporcionan las cosas que ve y que toca.

★ Desarrollar la puntería. Tu pequeño sabe cómo se mueven sus brazos sin mirarlos, pero necesita centrarse en el objetivo para mejorar su puntería.

★ Explorar mediante el tacto. Cuando puede tocar pero no ver lo que está haciendo, tu hijo debe confiar en su experiencia de cómo se mueven sus manos para guiarse.

Y también a:

★ Relacionar sonidos y acciones. Tu pequeño está aprendiendo a predecir el sonido que sigue a cada acción. Su conocimiento sobre los sonidos le permite anticipar quién o qué se está acercando sólo por el oído.

Hacer pedazos Estrujar y desenvolver el papel de seda, abrir un sobre o rasgar capas de papel cuando abre un regalo hace un ruido muy satisfactorio y requiere que sus ojos y sus manos trabajen coordinadas de manera eficiente.

Golpear y martillear Tu pequeño está preparado para apuntar y golpear con un martillo. Le gustará golpear clavos de juguete, tirar bolas por un agujero, tocar notas con un xilófono o martillear a diestro y siniestro en su taller de juguete.

Sentir Mete juguetes diferentes en una bolsa de tela. Dile el nombre de cada uno de los objetos mientras observa los bultos en la tela y mete la mano para explorar las distintas formas y texturas con los dedos.

Tanteando Las sensibles puntas de sus dedos hacen un gran esfuerzo cuando tu hijo busca un premio en una urna improvisada o cuando rebusca tras los almohadones del sofá un juguete escondido.

Control manual

Pequeños movimientos

Tu hijo quiere aprender a hacer las cosas solo y se sentirá muy orgulloso cuando logre ponerse un calcetín, desatarse una zapatilla o encajar por fin una pieza del puzle. Está combinando las habilidades motrices finas y las necesarias para resolver problemas y hacer posibles estos movimientos tan difíciles.

Cómo ayudan estas actividades a tu hijo

Los juguetes y las actividades que exigen movimientos finos con piezas pequeñas le están ayudando a:

★ Practicar movimientos precisos. Girar, tirar, y abrochar botones grandes, tirar de las cremalleras o encajar piezas de puzles mejoran el control muscular y la capacidad de maniobrar.

★ Solucionar problemas. Para conseguir encajar una pieza de puzle en su hueco, tu pequeño necesita entender la tarea, disponerse a buscarla y seguir intentándolo.

★ Volverse más independiente. Hacer más cosas solo significa ser capaz de aplicar su destreza manual a los juegos y a las actividades diarias.

Póntelo Tanto si está metiendo la mano en la manga del abrigo mientras tú lo sujetas, subiéndose un calcetín o bajándose la camiseta, tu hijo está poniendo en práctica su destreza a la hora de vestirse.

Abrir y cerrar Al principio, a tu hijo le resultará más fácil quitarse la ropa que ponérsela. Guía su mano para que tire del velcro de su zapatilla o para que agarre y tire hacia abajo de la cremallera para desabrocharse el abrigo.

Encajar piezas Los puzles de dos o seis piezas ayudan a tu hijo a coger y maniobrar con precisión. En unos meses utilizará su agarre de pinza para mejorar su puntería y será capaz de pasar hilos por los agujeros de unas cuentas gigantes.

Vestir a los muñecos Tu hijo disfruta de los movimientos finos que necesita realizar para vestir y desvestir a las muñecas, equipar a sus figuras de acción o jugar con juguetes diseñados para aprender a abrochar cosas.

Juegos complejos Los difíciles movimientos de la mano y los dedos requeridos para abrir y manipular ventanas y puertas pequeñas y colocar los muebles en una casa de muñecas es ideal para que tu pequeño practique la coordinación.

Control manual

Se vuelve creativo

La creatividad de tu pequeño está empezando a florecer. Fomenta su interés artístico con una caja de manualidades llena de materiales y busca tiempo para hacer cosas juntos. De este modo mejorará considerablemente su coordinación, y aumentará su creatividad y su satisfacción personal.

Recortar Enseña a tu hijo a usar sus primeras tijeras guiando sus dedos a través de los agujeros. Después practicad a abrirlas y a cerrarlas con tu mano sobre la suya. Con tu ayuda, le encantará cortar cartulinas y plastilina.

Hazlo grande Ser creativos en tres dimensiones utilizando plastilina, papel maché o papel de seda arrugado hace que tu hijo tenga que utilizar las manos para crear formas y para construir su primera escultura.

Toques con la esponja Si queréis realizar una actividad artística fácil y rápida, dale a tu hijo una esponja y varias témperas. Enséñale a mojar la esponja con la pintura justa y deja que la pase o que dé toquecitos con ella sobre el papel.

Pégalo Recorta imágenes de revistas y de viejas postales para que tu hijo cree su primer *collage*. Utiliza una cartulina de fondo y pon pegamento en las imágenes mientras él las dispone a su gusto.

Cómo ayudan estas actividades a tu hijo

Cortar, pegar, modelar y pintar le están ayudando a:

★ Ejercitar sus habilidades motrices finas. Conforme los músculos pequeños de sus manos y sus dedos se desarrollan, sus movimientos se volverán más suaves y controlados.

★ Intentar nuevos movimientos. El movimiento de abrir y cerrar las tijeras supone un nuevo desafío para el control y la coordinación de las manos y de los dedos.

★ Utilizar materiales diferentes. Tu pequeño está descubriendo las sutiles diferencias que existen a la hora de manejar cosas duras, suaves, blandas o endebles.

Y también a:

★ Hacer algo. Tener algo que hacer, que mirar y que mostrar a los demás tras el esfuerzo que le ha costado le resulta muy satisfactorio y refuerza su autoestima.

CONSEJO

El pegamento, las témperas y la plastilina ensucian mucho. Contener el caos en una área designada para las manualidades te relajará y permitirá a tu hijo disfrutar y ponerlo todo perdido sin limitaciones.

Control manual

Yo lo hago

La concentración, la coordinación y el control de los movimientos motores finos forman parte de los esfuerzos de tu pequeño de hacer las cosas solo. Está preparado para coordinar movimientos para realizar tareas simples, desde abrir la puerta hasta lavarse la cara.

Cómo ayudan estas actividades a tu hijo

Dándole oportunidades para que sea independiente e intente realizar tareas más complejas le estás ayudando a:

★ Coordinar movimientos complicados para completar una actividad. La mayoría de las actividades prácticas requieren una secuencia de movimientos coordinados, y se necesita mucha práctica para perfeccionarlos.

★ Ajustar la fuerza de su mano al agarrar objetos. Para cada tarea, tu hijo necesita saber si tiene que apretar más o menos según la actividad que se disponga a realizar.

★ Satisfacer su impulso de hacer las cosas solo. Su capacidad para hacer las cosas por sí mismo aumentará conforme vaya mejorando su destreza y su coordinación.

Abrir y cerrar Cuando tu hijo tenga la fuerza y el control suficientes como para agarrar y girar manivelas, podrá abrir puertas, armarios y pestillos. Anímale a hacerlo, ya que esto le permitirá tener más libertad para explorar.

CONSEJO

Refuerza la autoestima de tu hijo ayudándole a alcanzar tareas simples al principio. Descubrir que puede lograr hacer algo le dará confianza para intentarlo de nuevo.

Lavarse Tu pequeño ya tiene la coordinación necesaria para ayudarte cuando lo estás bañando. Dale una esponja para que la moje y se frote con ella la cara y el cuerpo. Anímale nombrando todas las partes que se lave.

Limpiarse las manos Enséñale a lavarse las manos con jabón. Tendrá que agarrar y girar para abrir y cerrar el grifo, apretar para echarse jabón líquido y finalmente tendrá que frotarse las manos debajo del agua.

Póntelo Haz que a tu hijo le resulte fácil ponerse los zapatos empezando con unos sin cordones o con unas simples sandalias. Siéntalo y, si es necesario, sujétalo poniéndole una mano en el hombro mientras intenta encontrar el equilibrio, sujetar el zapato y meter el pie en él.

El comienzo de las pataletas

La época conocida como «los terribles dos años» puede empezar ya a los 16 meses. Cuando tu hijo alcanza la fase de «diferenciación», se da cuenta de que es un ser independiente de ti y que puede tomar sus propias decisiones.

Primeras pataletas El niño está luchando por hacerse valer y es normal que tenga rabietas al menos una vez al día. Es su manera de expresar fuertes emociones cuando no sabe cómo comunicar sus sentimientos con palabras. Como verás, suelen desencadenarse cuando se siente frustrado al tener que compartir algo o cuando se le dice que «no». Es más probable que tengan lugar cuando tiene hambre o cuando está cansado o sobreestimulado.

Tácticas de prevención Reduce las posibilidades de que tenga una rabieta redirigiendo la atención de tu hijo si ves que empieza a formarse la tormenta. Los horarios también ayudan. Programa las actividades que suelan provocarle pataletas, como las visitas al supermercado, en momentos en que tu pequeño haya comido y haya descansado bien.

Cómo afrontar las rabietas Cuando estalle con un berrinche, aparta al niño de la situación, llévalo a un espacio tranquilo y espera a que se calme. Las emociones fuertes pueden resultarle aterradoras, de modo que quédate cerca de él y mantén la calma. No intentes razonar con el niño hasta que se le haya pasado y esté lo bastante tranquilo como para escucharte.

Habilidades comunicativas

Hablar más

Cuanto más converséis más parlanchín será tu hijo. Repite lo que diga con palabras claras, intenta entender lo que quiere decir y comenta lo que está pasando. Te sorprenderá lo mucho que entiende ya.

Cómo ayudan estas actividades a tu hijo

Conversando con él siempre que tengas la oportunidad le estás ayudando a:

★ Formar frases. Cuando tu hijo une dos palabras y te oye expandir la frase está aprendiendo a formar oraciones.

★ Explicarse. Tu pequeño utiliza cada vez más palabras para expresar lo que quiere; tu reacción le indica que va por el buen camino y le anima a seguir intentándolo.

★ Conversar. Tu hijo está aprendiendo a respetar los turnos de hablar y de escuchar del diálogo.

Y también a:

★ Desarrollar sus habilidades sociales. Cuando participa y escucha en las conversaciones familiares está aprendiendo a ser sociable y mostrando interés por los demás.

DATO

Un estudio reciente señaló el valor del diálogo bilateral en el desarrollo del lenguaje, que demostró ser tan importante, si no más, que leerle o reducir las horas de televisión.

Desarrollar el lenguaje Cuando empiece a construir frases de dos palabras, expande cada idea extendiendo la oración. Por ejemplo, si pregunta: «¿Yo entro?», conviértelo en: «¿Quieres entrar dentro?». Y si dice: «Coche mío», responde: «Es un coche, gracias por el coche».

Hablar por los codos Deja que tu hijo practique cómo mantener una conversación. Sentaos uno enfrente del otro para que pueda verte la cara y las manos. Pregúntale qué ha estado haciendo y espera a que te conteste con una palabra o un gesto. Asiente y responde para mantener la charla.

Hablar en la mesa Cuando compartís información a la hora de comer estáis estableciendo un hábito que garantizará la comunicación familiar a largo plazo. Hablad de cosas sencillas, como sobre lo que habéis hecho durante el día y qué planes tenéis para más tarde.

Habilidades comunicativas

El poder de los libros

Acostumbra a tu hijo a leer incluyendo los libros en su rutina diaria. Tú eres su narrador, de modo que pon todo de tu parte: utiliza voces diferentes, expresiones, gestos o efectos de sonido para que las historias resulten más interesantes.

Ponle nombre Es importante que tu hijo aprenda el nombre común de los objetos, de modo que cuando estéis ojeando cuentos con dibujos no le cuentes sólo la historia, señala y nombra todo lo que veas también.

Más que palabras Los libros con texturas o sonidos estimulan el aprendizaje de tu hijo. Si dices «suave» mientras toca un trozo de pelo recordará mejor la palabra. Cuanto más utiliza sus sentidos, más mejora su memoria.

Levantar y mirar Utiliza tu voz para crear emoción antes de que tu pequeño levante una pestaña o pase la página. Pregúntale qué cree que habrá debajo de la pestaña y observa si es capaz de adivinar lo que viene después.

Mi familia Mirar álbumes de fotos familiares juntos os da mucho de qué hablar. Tu hijo identificará las fotografías actuales de sí mismo, pero es posible que no se reconozca en las que era bebé. Hablad sobre la familia mientras las veis.

Cómo ayudan estas actividades a tu hijo

Leyendo, mirando libros con dibujos y álbumes de fotos, representando historias y contándole chistes le estás ayudando a:

★ Ponerle nombre a las cosas. Quiere saber el nombre de todo lo que ve, y los libros con dibujos son ideales para que aprenda.

★ Darle vida a las palabras. Cuando tus historias nombran y describen emociones, tu hijo aprende a clasificar los sentimientos.

★ Meterse en la historia. Cuando aprenda que los cuentos tienen un principio, un desarrollo y un final, se meterá más en la historia y querrá saber qué va a pasar después.

Y también a:

★ Divertirse contigo. Acurrucaros para leer un cuento al acabar el día os da la oportunidad de reforzar vuestro vínculo.

Capacidad cerebral

¿Qué es eso?

Conforme la memoria y el sistema nervioso de tu pequeño vayan madurando empezará a reconocer más detalles, desde finas texturas hasta colores más sutiles. Toda la información que recibe aumenta su conocimiento sobre los colores, los sonidos, las texturas, los sabores y los olores, y los reconocerá la próxima vez que los perciba.

Cómo ayudan estas actividades a tu hijo

Cuando estimulas todos sus sentidos a la hora de jugar, de comer y en los momentos más tranquilos, le estás ayudando a:

★ Reconocer diferentes superficies. Tu hijo está almacenando información sobre qué tacto tienen las cosas.

★ Ampliar su dieta. Después de haber visto, tocado y probado varias veces nuevos alimentos, tu pequeño estará preparado para tragárselos.

★ Desarrollar su vista. Tu hijo necesita exponerse a muchos estímulos visuales para que su vista madure.

Tócalo Nombra las diferentes sensaciones conforme vaya explorando distintas texturas, como la de una tela aterciopelada o la de un estropajo. Describe las sensaciones que tenga cuando apriete un trozo de algodón, de masa o de puré de patatas frío.

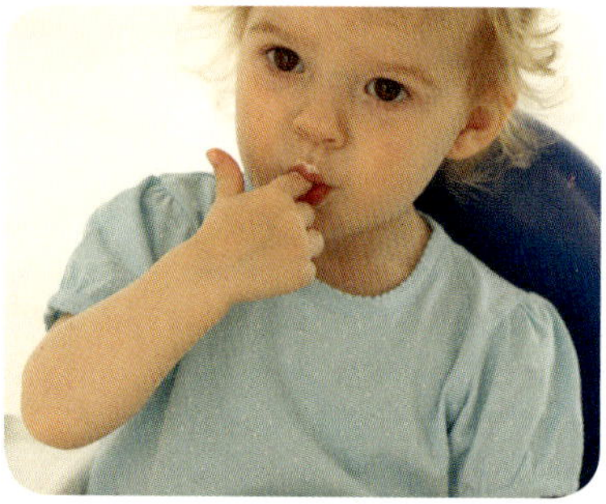

Pruébalo Los labios y la lengua de tu hijo proporcionan información sensorial a su cerebro de todo lo que prueba. Proporciónale diferentes sabores y texturas, como un yogur, un plátano o unos trocitos de manzana crujiente.

Huélelo El olfato puede evocar recuerdos muy claros y ayudarnos a reconocer cosas. El sentido del olfato de tu hijo está bien desarrollado. Anímale a examinar alimentos a través del olfato además de probarlos y sentir sus texturas.

DATO

Tu hijo aprende con los cinco sentidos, de modo que no le restes importancia a la estimulación. Para motivarlo a aprender más acerca de su mundo necesita un entorno que estimule todos sus sentidos.

Míralo El área más sensible al color del ojo de tu hijo todavía se está desarrollando, pero puede percibir pequeños cambios de tono. Escoge libros y juguetes con colores sutiles para que pueda detectar estas variaciones de tono.

Capacidad cerebral

Igual y diferente

Tu hijo empieza a darse cuenta de en qué se parecen o se diferencian las cosas. Este concepto simple pero vital le ayuda a organizar las cantidades ingentes de información que recibe. Ahora, cuanto más practique mejor desarrollará esta habilidad.

Cómo ayudan estas actividades a tu hijo

Cuando juegas a encontrar la pareja con juguetes, cartas, bloques u otros juegos, le estás ayudando a:

★ Reconocer categorías. Tu pequeño debe aprender a través de la repetición y la experiencia qué rasgos clave le ayudan a agrupar cosas. Por ejemplo: ¿Son seres vivos o inertes? ¿Hacen ruido?

★ Organizar sus pensamientos. Agrupar las cosas ayuda a tu hijo a pensar más rápido. Cuando se encuentra con algo nuevo y encaja en una categoría determinada, inmediatamente se hace una idea de sus propiedades porque ya sabe algo acerca de ese grupo de objetos.

★ Identificar colores. Nombra los distintos colores mientras jugáis y durante el próximo año ya será capaz de nombrar uno o dos.

Y también a:

★ Mejorar su vocabulario. Cuanto más nombres las cosas que tu hijo ve, mejor se desarrollará su lenguaje.

¿Qué imagen? Jugad a nombrar y emparejar a los miembros de distintas categorías, como los animales o los alimentos, utilizando tarjetas. Ten paciencia, ya que acaba de empezar a desarrollar su capacidad para catalogar objetos.

Agrupando Ahora tu hijo es capaz de agrupar objetos solo, pero las categorías pueden ser muy amplias; por ejemplo, todos los vehículos pueden encajar en la de «coche». Trabajad esto con juegos de encontrar parejas.

Separar por colores Los bloques de construcción son unos juguetes ideales. Proponle a tu hijo el reto de hacer una torre utilizando sólo bloques amarillos, o dile que amontone todos los azules. Pon tú el primero para que le resulte más fácil.

Capacidad cerebral

Encajando piezas

Tu hijo está aplicando su capacidad para resolver problemas a todos los aspectos de su vida, desde jugar hasta alimentarse y vestirse. Está preparado para aplicar las habilidades previamente aprendidas para encajar piezas y para completar puzles y juegos más complejos.

Encajar las piezas Proporciónale a tu hijo varios puzles de piezas grandes. Al girar e intentar forzar las piezas estará aplicando sus habilidades para resolver problemas. Deja que lo intente solo primero. Guíale un poco sólo si ves que es necesario.

Ordenando piezas Tu hijo necesitará probar y equivocarse varias veces hasta conseguir completar formar una figura de varias piezas o apilar correctamente los cubos de colores. Es posible que intente encajar cada una de las piezas del puzle en cada agujero hasta dar con el correcto.

Apílalo Tu hijo manejará y observará atentamente las piezas de un juego apilable para ver si puede averiguar cómo debe encajarlas antes de hacerlo. Necesitará intentarlo varias veces antes de conseguirlo.

Cómo ayudan estas actividades a tu hijo

Proporcionándole una gran variedad de puzles, encajables y apilables que pongan a prueba la capacidad mental y la destreza de tu hijo, le estás ayudando a:

★ Resolver problemas prácticos. Mientras tu hijo juega con su puzles está utilizando su comprensión del espacio y elaborando un plan, y después intenta encajar las piezas.

★ Aprender por ensayo y error. Probando maneras diferentes de encajar las piezas, tu hijo está descubriendo cuál es el mejor método de hacer las cosas.

★ Seguir intentándolo. Tu hijo consolida su aprendizaje mediante estrategias de resolución de problemas similares, independientemente del tipo de rompecabezas que esté intentando dominar.

Y también a:

★ Desarrollar su coordinación óculo-manual. Para colocar correctamente las piezas de los puzles y los bloques apilables, tu pequeño debe ser capaz de coordinar la vista y las manos.

Recursos útiles

LACTANCIA
ALBA Lactancia materna
www.albalactanciamaterna.org
690 144 500

VÍA LACTEA
www.vialactea.org

La Liga de la Leche, España
www.laligadelaleche.es

Iniciativa para la Humanización de la Asistencia al Nacimiento y la Lactancia
www.ihan.es
963 944 557

SALUD Y DESARROLLO
APREM
Asociación de Padres de Niños Prematuros
www.aprem-e.org
666 281 268

Prematuros Sin Fronteras
www.prematurosinfronteras.com
628 598 183

ANSHDA
Asociación de padres de Niños con Síndrome de Hiperactividad y Déficit de Atención
www.anshda.org
913 560 207

Centro Nacional de Información y Comunicación Educativa
913 778 300

CUIDADOS Y EDUCACIÓN
AMEI - WAECE
Asociación Mundial de Educadores Infantiles
www.waece.org

ASMA
Asociación Solidaridad Madres Solteras
asms@madresolteras.org
913 082 150

FAMS
Federación de Asociaciones de Madres Solteras
www.federacionmadresolteras.org
987 261 449

GENERAL
Adopción
www.adopción.org
902 262 524

Fundación de Familias Monoparentales Isadora Duncan
www.isadoraduncan.es
987 261 449

Asociación Española de Gemelos
www.gemelos.info

Amapamu
Asociación madrileña de partos múltiples
www.amapamu.org
686 323 410

Índice

A

abrazos 111
acciones, causa y efecto 37, 83, 102, 118, 158
actividades: manualidades 130, 131, 152, 179
para niños pequeños 140, 142–143, 148–153, 172–175
agarrar 26–27, 36, 56–57, 94, 95
agarre de pinza 57, 94, 108
agua, jugar en el 48–49, 118–119, 140
amigos y amistades 114–115, 134–135
andar 108, 130, 138–139
ansiedad por separación 82, 84, 86
anticipación 74–75, 124
asegurar tu casa 53
asfixia 59
atención a los bebés pequeños, prestar 63
autoestima 180
autoritario 85, 131

B

bailar 99, 144–145
balbuceo 36–37, 67, 76
bebé social: los primeros 2 meses 10, 12–21
de los 3 a los 6 meses 36, 38–41
de los 7 a los 9 meses 82, 84–87
de los 10 a los 12 meses 108, 110–115
de los 12 a los 18 meses 130, 132–136
de los 19 meses a los 2 años 166, 168–171
bebé, signos del 100–101
boca abajo 42, 46, 47, 51
boca, movimientos de la 71, 96

C

cabeza, control de la 36, 37, 44
calmar a los bebés 20–21
caminar 116, 138
canguro, cuidados de 13
cansancio, signos de 31
cantar 28, 99, 144
caras: expresiones faciales 96
interés del bebé en las 11, 15, 16, 28, 32, 33
muecas 70
causa y efecto 37, 83, 102, 118, 158
celos 18, 19
cestas del tesoro 78
colores: aprender a identificar 121
capacidad de los recién nacidos para ver 32, 33, 78
comer con las manos 59, 79, 95
comer solo 95, 136, 146–147
comidas 95, 136, 146–147, 168
compartir 130, 135
comportamiento 77
comprensión 109, 122–123
comunicativas, habilidades: los primeros 2 meses 10, 28–31
de los 3 a los 6 meses 36–37, 62–69, 70, 76–77
de los 7 a los 9 meses 83, 96–101
de los 10 a los 12 meses 108–109, 120–123
de los 12 a los 18 meses 131, 154–157
de los 19 meses a los 2 años 166–167, 182–183
concentración 180
conciencia de uno mismo:
los primeros 2 meses 22–23, 32
de los 7 a los 9 meses 82, 105
de los 10 a los 12 meses 108, 115
conciencia: conciencia de su propio cuerpo 23, 44, 45
de las emociones 111
de los demás 134
de uno mismo 22–23, 32, 82, 105, 108, 115
confianza, desarrollar 48, 84, 87, 109, 136, 141
contacto visual 13, 15, 30
conversación, desarrollar habilidades de 96, 120, 182
cosquillas 23, 25
creatividad 131, 152, 179
cucú-tras 104–105
cuello, músculos 37, 54
cuento, hora del 66, 113
cuerpo, conciencia de su 23, 44, 45
curiosidad 53, 131, 158, 161

D

darse la vuelta 52–53
desarrollo del cerebro: los primeros 2 meses 11, 32–33
de los 3 a los 6 meses 37, 70–79
de los 7 a los 9 meses 83, 102–105
de los 10 a los 12 meses 108–109, 124–127
de los 12 a los 18 meses 131, 158–163
de los 19 meses a los 2 años 167, 184–187
desarrollo del lenguaje: de los 3 a los 6 meses 76
de los 7 a los 9 meses 96–97, 99
de los 10 a los 12 meses 108, 121
de los 12 a los 18 meses 133, 155
de los 19 meses a los 2 años 182
desarrollo visual: primeros 2 meses 32–33
de los 3 a los 6 meses 72–73
coordinación óculo-manual 26, 57, 58, 117, 176–177
desarrollo, hitos del 91, 104–105, 108, 115, 116
desplazarse 89, 90, 108, 109, 116
destreza 124, 130, 148–149
diferenciación, etapa 181
disciplina 76–77
dormir 31, 65, 112

E

emociones: los primeros 2 meses 16, 30
de los 3 a los 6 meses 36
de los 7 a los 9 meses 82, 85, 100, 111
ensuciar 131, 150–153, 159, 179
entornos, conocer nuevos 73, 103
envolver 14
equilibrio 44, 50, 138, 139
escaleras 141
escuchar, desarrollo de la capacidad para 67, 108–109, 120
estimulación visual 72–73
estimulación: los primeros 2 meses 24–25
nerviosa 45
sensorial 22–23, 27, 58, 78–79, 126
visual 72–73
estirarse 50–51, 54-55
exploración 94, 109, 110, 125
expresiones 16, 67, 96, 100
extraños, timidez con los 86–87

F

familia, crear un vínculo con la 40–41
flexiones 46
fuerza, desarrollar la 42, 47

G

gatear 82, 83, 90, 91
género, diferencias de 30, 133, 173
gestos manuales 100–101, 154–155
gestos: de los 3 a los 6 meses 39
de los 7 a los 9 meses 83, 98, 100–101
de los 10 a los 12 meses 108, 109
de los 12 a los 18 meses 154
gusto, sentido del 58–59, 78–79, 184

H

habilidades motrices: los primeros 2 meses 26
de los 3 a los 6 meses 60
de los 7 a los 9 meses 82, 94
de los 10 a los 12 meses 118
de los 12 a los 18 meses 142-145
de los 19 meses a los 2 años 178, 180–181
habla, desarrollo *véase* desarrollo del lenguaje
hablarle a tu bebé 28, 63, 64 *véase también* desarrollo del lenguaje
hermanos, relación con los 18–19, 40–41, 115
hitos: de los 3 a los 6 meses: 52–53
de los 7 a los 9 meses 82, 91, 104, 108
de los 10 a los 12 meses 115, 116
hora de dormir 112–113

I

imaginación 109, 160, 168–170
imitación 70–71, 130, 132–133
imitar: los primeros 2 meses 15, 16
de los 3 a los 6 meses 70–71, 72
de los 7 a los 9 meses 96
de los 10 a los 12 meses 111, 115
de los 12 a los 18 meses 132–133, 134, 160
de los 19 meses a los 2 años 170
independencia 108, 130, 136–137, 146, 171
infantiles, canciones y rimas 62–63, 92, 99, 145, 157
instrucciones, entender 76, 97, 122–123

J

juegos 62, 104–105, 117, 172–173 *véase también* actividades; jugar
juegos de acción y rimas 99, 174–175
juegos de esconderse 105, 124
jugar: los primeros 2 meses 18
de los 3 a los 6 meses 42–45
de los 7 a los 9 meses 102, 104–105
de los 10 a los 12 meses 109, 110, 124–125
de los 12 a los 18 meses 132–135, 140–143, 148–149, 158–159
de los 19 meses a los 2 años 167, 168–175, 186–187
juegos con pelota 117, 172–173
ensuciar 131, 150–153, 159, 179
paralelo 130, 134–135
roles 115, 132, 136, 158, 160, 168–170
actividades acuáticas 48–49, 118–119, 140
juguetes: los primeros 2 meses 24–27
de los 3 a los 6 meses 56–57
de los 10 a los 12 meses 124–125
de los 12 a los 18 meses 140, 149
causa y efecto 102
juegos de roles 132, 178

L

lateralidad manual 131, 153
lengua, movimientos de la 58
lenguage corporal 65, 100–101
«lenguaje para niños» 67, 97
levantarse 47, 109, 116, 130
libros 66, 109, 113, 124, 183, 184
libros de recuerdos 163
llanto 21, 30

M

mantitas reconfortantes 84
manual, control: los primeros 2 meses 10, 26–27
de los 3 a los 6 meses 36, 56–61
de los 7 a los 9 meses 82, 94–95
de los 10 a los 12 meses 108, 118–119
de los 12 a los 18 meses 131, 146–153
de los 19 meses a los 2 años 166, 176–181
manualidades 130, 131, 152, 179
masaje 20–21, 112
memoria: de los 3 a los 6 meses 71, 74–75, 77
de los 7 a los 9 meses 104–105
de los 12 a los 18 meses 131, 162–163
de los 19 meses a los 2 años 184
modelos 73, 111, 132–133
motor fino, control 26, 60, 94, 118, 180–181
movimiento: los primeros 2 meses 10, 22–27
de los 3 a los 6 meses 36, 42–55
de los 7 a los 9 meses 82, 83, 88–93, 99
de los 10 a los 12 meses 108, 116–117
de los 12 a los 18 meses 130, 138–145
de los 19 meses a los 2 años 166, 172–175
músculos: desarrollo 42, 45, 47
fortalecimiento 37, 45, 48, 50, 52
música 68–69, 99, 142, 144–145, 156–157

N

nadar 48–49, 140
naturaleza y estimulación sensorial 73, 79
«no», concepto del 76–77, 85

O

objetos, coger y pasar 60–61
óculo-manual coordinación: los primeros 2 meses: 26
de los 3 a los 6 meses 57, 58
de los 7 a los 9 meses 94
de los 10 a los 12 meses 117
de los 12 a los 18 meses 131
de los 19 meses a los 2 años 176–177
oído 79
olfato, sentido del 78–79, 184

P

palabras *véase* desarrollo del lenguaje
palmitas 92–93
pañales, jugar sin 43
parques 140, 142–143
pataletas 181
pedorretas 23, 71
pelota, juegos de 117, 172–173
permanencia de las personas 105, 115
permanencia de los objetos 83, 105, 124
personalidad 36, 85
pintar 130, 152, 179
prematuros, bebés 116
problemas, resolución de 178, 186–187
profundidad, percepción de 72

R

reacciones 74
reflejar: los primeros 2 meses: 15, 16
de los 3 a los 6 meses 70–71
de los 7 a los 9 meses 96
de los 10 a los 12 meses 111, 115

de los 12 a los 18 meses 132–133
reflejo 70, 115
reflejos del recién nacido 24, 26, 27, 57
refuerzo positivo 77
relaciones: hermanos 18–19, 40–41, 115
con otros bebés 17, 87, 114–115, 131, 134–135, 166
con los juguetes 168
relajación, técnicas 20–21, 51, 84, 112
relajarse, rutinas para 112, 113
repetición 74, 75, 99, 127
rimas 62–63, 92, 99, 145, 157
risas 62–63
ritmo 144–145, 156–157
roles, juego de 115, 132, 136, 158, 160, 168–170
ruido, hacer 68–69
rutinas 30, 108, 112–113, 168

S

saludar 39, 84, 109
seguridad 19, 53, 58, 84, 86, 110
seguridad: los primeros 2 meses 14, 30
de los 3 a los 6 meses 36, 74
de los 10 a los 12 meses 110, 112
de los 12 a los 18 meses 143
de los 19 meses a los 2 años 171
sensaciones, descubrir 22
sentarse 50, 54–55, 88
sentidos, estimular los: los primeros 2 meses 22, 32
de los 3 a los 6 meses 58, 78–79
de los 7 a los 9 meses 103
de los 10 a los 12 meses 126
de 1 año a los 18 meses 143
de los 19 meses a los 2 años 184
sentimientos *véase* emociones
señalar 98
separación, ansiedad por 82, 84, 86
«sí», concepto del 76–77
significado, comprender el 122–123
signos, del bebé 100–101
signos: manuales 100–101, 154–155
interpretación 30–31, 65, 100
sinestesia 79
sobreestimulación 25, 38
socializar: los primeros 2 meses 17
de los 7 a los 9 meses 86–87
de los 10 a los 12 meses 114–115
de los 12 a los 18 meses 131, 133, 134–135
de los 19 meses a los 2 años 166
sonajeros 24, 26, 27
sonidos: balbuceos 96
hacer 67, 68–69, 79
sonreír 16, 30, 31, 40

T

tacto: los primeros 2 meses 22–23, 26–27, 29
de los 3 a los 6 meses 36, 78–79
de los 10 a los 12 meses 126–127
de los 19 meses a los 2 años 184
textura 27, 103, 126–127, 183
timidez 86
tirar 89, 90
tranquilidad, momentos de 38
trasero, arrastrar el 83, 90, 91
turnos, hacer 69, 70, 120, 130

V

vestirse 160, 170
vínculo, crear un: masaje 20–21
reforzar el vínculo 12–13, 16, 38
con los hermanos 18, 40
vista 32–33, 78–79
vista, desarrollo de la 33, 72–73, 78 *véase también* ojo, desarrollo
vocabulario *véase* desarrollo del lenguaje

Y

yoga 51

Agradecimientos

AGRADECIMIENTOS DE LA AUTORA

Me gustaría dar las gracias a mis padres Patricia y George Higginbotham por todo su cariño, y en especial a mi madre, quien desearía que este libro hubiese estado disponible cuando yo era pequeña. Gracias también a mi familia: Michael, Rupert, Dominic y Toby; a Vicki McIvor por todo el trabajo que ha hecho por mí, y a todo el equipo de DK, que han hecho que este libro sea posible y que fuese un placer escribirlo.

AGRADECIMIENTOS DE LA EDITORIAL

DK quiere dar las gracias a Becky Alexander por la revisión; a Vanessa Bird por el «Índice»; a Jo Godfrey-Wood por su asistencia en las sesiones de fotos; a Victoria Barnes y a Roisin Donaghy por la peluquería y el maquillaje; a Carly Churchill, la ayudante de fotografía, y a nuestros modelos: Nina y Anjani Acharya; Stephanie y Thomas Barrington; Kirsty y Kate Campbell; Sarah y Lisa Crowe y Luca Sodeau; Ruth Davies y Florence Knowles; Bea de Lemos y Alexander Walker; Giovanna Franchina y Leonardo Diallo; Shuna Frood y Joe Sutcliffe; Natasha Garry y Solstice River Davies; Oriel Gavin y Erin Smith; Susie y Poppy Howe; Kate Jones y Holly Dixon; Sophie Lewis y Somerset Young; Clare Moore y Cassius Cockrell; Victoria y Max Perrot; Michelle y Edward Phillips; Dawn Robinson y Alexander Whillock; Kate Wheeler y Freya Bartlett; Justyna y Nicole Zohreh; Karolina y Khemilya Ubor; y Alice y Sam Pickles.

La editorial también quiere dar las gracias a las siguientes personas por permitir amablemente que reprodujésemos sus fotografías:

(Clave: a-arriba; b-bajo/abajo; c-centro; i-izquierda; d-derecha; s-parte superior.)

11 Mother & Baby Picture Library: Ian Hooton (bi, bd). **13 Corbis:** David Raymer (sd). **Getty Images:** Frank Herholdt (bd). **17 Corbis:** Tim Pannell (bi). **18 Corbis:** Larry Williams (c). **Mother & Baby Picture Library:** Ian Hooton (bc); Paul Mitchell (bd). **23 SuperStock:** Age Fotostock (cd). **24 Getty Images:** Dennie Cody (bd). **29 Alamy Images:** Purestock. **38 Getty Images:** Jose Luis Pelaez Inc. (cd); Barbara Maurer (bd); Yellow Dog Productions (bc). **40 Photolibrary:** Marcus Mok / Asia Images RM (bc). **43 Getty Images:** Bambu Productions (ci). **Mother & Baby Picture Library:** Ian Hooton (bd, bi). **44 Getty Images:** First Light / Trevor Bonderud (bd). **45 Getty Images:** Photographer's Choice / Lisa Valder. **46 Getty Images:** Martha Lazar (bd). **47 Getty Images:** Ferguson & Katzman Photography / Halo Images (bi). **48 Getty Images:** Vanessa Berberian (bd); LWA (cd); Robin Reeder / Reeder Studios, LLC (bc). **51 Getty Images:** Jens Lucking (bi). **54 Mother & Baby Picture Library:** Ian Hooton (cd). **56 Getty mages:** Andy Cox (bd). **61 Corbis:** Markus Moellenberg (bi). **63 Getty Images:** Jamie Grill (bi); LWA (si). **Mother & Baby Picture Library:** Ian Hooton (cb). **64 Corbis:** Lisa B. (cd). **66 Getty Images:** Jamie Grill (d). **67 Corbis:** Beth Dixson (ci). **71 Getty Images:** L. Ancheles (sd); Johner (si). **72 Getty Images:** Photographer's Choice / Andersen Ross (bi). **73 Corbis:** David P. Hall (cb). **Getty Images:** Photographer's Choice / B2M Productions (bi). **Mother & Baby Picture Library:** Ian Hooton (sc). **74 Getty Images:** Jessica Boone (bc); Jamie Grill (bd). **79 Getty Images:** Tom Morrison (si); Dennis Novak (sc). **80-81 Corbis:** Gareth Brown. **83 Getty Images:** Joe Polillio (bd). **84 Alamy Images:** Jacky Chapman (bd). **Getty Images:** Doug Crouch (bc). **85 Alamy Images:** Picture Contact (bd). **86 Getty Images:** Altrendo Images (bc). **Mother & Baby Picture Library:** Ian Hooton (cd). **87 Mother & Baby Picture Library:** Ian Hooton. **88 Getty Images:** Thomas Northcut (bi). **90 Getty Images:** Mimi Haddon (c); Sean Murphy (bd). **93 Corbis:** Inspirestock. **96 Getty Images:** Stone / Jerome Tisne (cd). **97 Getty Images:** Iconica / Jamie Grill (ci); Stone / Eri Morita (bi). **98 Getty Images:** Lilly Dong (cd). **99 Getty Images:** Jamie Grill (bi). **103 Corbis:** RCWW, Inc. (ci). **Getty Images:** PhotoAlto / Sigrid Olsson (bi); Camille Tokerud (bd). **104 Corbis:** Ghislain & Marie David de Lossy / Cultura. **105 Getty Images:** Andy Sacks (bi). **106-107 Getty Images:** Alexandra Grablewski. **108 Getty Images:** Jean Michel Foujols (bi). **109 Corbis:** Bernd Vogel (s). **110 Getty Images:** Hitoshi Nishimura (bc y cd). **111 Getty Images:** Paul Viant (bd). **112 Dorling Kindersley:** Julie Fisher (bc). **Mother & Baby Picture Library:** Paul Mitchell (cd). **114 Getty Images:** Derek Henthorn / STOCK4B (cd). **Mother & Baby Picture Library:** Ian Hooton (bd). **115 Corbis:** Brooke Fasani (bd). **Getty Images:** Bambu Productions (s). **117 Getty Images:** Altrendo Images (ci). **118 iStockphoto.com:** Iwona Rajszczak (cd). **119 Alamy Images:** Petr Bonek. **121 PunchStock:** Fuse (ci). **122 Getty Images:** Rosanne Olson (bd). **124 Getty Images:** Altrendo Images (bc). **125 Photolibrary:** Folio Images (bi). **126 Getty Images:** Photolibrary (cd). **130 Getty Images:** Rich Reid (bc). **132 Getty Images:** Scott Hortop (bd). **134 Corbis:** Kevin Dodge (bd). **135 Mother & Baby Picture Library:** Ian Hooton. **136 Getty Images:** Ghislain & Marie David de Lossy (bd). **138 Getty Images:** Ray Kachatorian (bc). **139 Alamy Images:** Enigma (bi). **Getty Images:** Kactus (ci). **141 Corbis:** Heide Benser (bi). **Getty Images:** Huntstock (ci). **142 Getty Images:** Andy Bullock (cd); Charles Gullung (bd). **143 Photolibrary:** Arunas Klupsas. **144 Alamy Images:** Picture Partners (bd). **147 Getty Images:** Robin Reeder / Reeder Studios, LLC (si). **148 Getty Images:** Arthur Tilley (c). **149 Mother & Baby Picture Library. 151 iStockphoto.com:** John Prescott. **152 Alamy Images:** Manor Photography (bc). **155 Getty Images:** Ghislain & Marie David de Lossy (bi). **160 Getty Images:** Mimi Haddon (cd). **162 Mother & Baby Picture Library:** Ian Hooton (c). **168 Getty Images:** Richard Kolker (bd). **Mother & Baby Picture Library:** Ian Hooton (bc y cd). **169 Getty Images:** Camille Tokerud. **170 Getty Images:** Milka Alanen (cd). **Mother & Baby Picture Library:** Ian Hooton (bd). **SuperStock:** Age Fotostock (bc). **171 Corbis:** Etsa (ci). **172 Corbis:** Ariel Skelley (bi). **174 Alamy Images:** Sally Cooke (bd). **Getty Images:** Peter Cade (cd); Images Of Our Lives (bc). **176 Getty Images:** Mel Curtis (bc). **178 Corbis:** Laurence Mouton / PhotoAlto (bc). **Getty Images:** Kactus (bd). **179 Getty Images:** Natalie Kauffman (bi). **180 iStockphoto.com:** Jorge Salcedo (bd). **182 Getty Images:** Jupiterimages (bc); David Oldfield (bd). **183 Getty Images:** Photodisc (bc). **Mother & Baby Picture Library:** Ian Hooton (bi). **186 Getty Images:** Clarissa Leahy (bc). **187 Getty Images:** DK Stock / Garfield Hall (c).